DER SICH ENTFALTENDE PFAD DER SEELE
Die Ent-Deckung des Selbst

Ronald Beesley

Der sich entfaltende Pfad der Seele

Die Ent-Deckung des Selbst

Titel der englischen Originalausgabe:
DESTINATION OVERSOUL

Alle Rechte vorbehalten:
White Lodge Centre of New Directions,
6A Chilston Road, TN4 9LT Tunbridge Wells,
Great Britain

Übersetzung:
Charlotte van Stuijvenberg und Elisabeth Bond

1. Auflage 2012
© der deutschen Ausgabe
LICHTWELLE-Verlag Zürich
www.lichtwelle-verlag.ch

Titelbild: Elisabeth Bond
Satz: Walter Imhof, Bern
Druck und Bindung: Sonnenschein, Hersbruck

ISBN: 978-3-905878-13-4

Inhaltsverzeichnis

Vorwort

Ronald Beesley (1903 – 1979) hat 1948 White Lodge, das College für spirituelle Psychotherapie (engl. College of Spiritual Psychotherapeutics) in einem zerbombten Gebäude in London gegründet. Später hat das College wunderschöne Räumlichkeiten in Tunbridge Wells, Kent, in England erworben. Es wurde zu einem magischen Ort, den Menschen aus ganz Europa aufsuchten, um über die Reise der Seele zu lernen. Auch die Möglichkeit, sich in die Stille zurückzuziehen, wurde ihnen geboten.

«Whiz», wie seine Freunde Ronald Beesley nannten, war ein Pionier, ein Visionär, ein Heiler und ein Seher. Er war seiner Zeit weit voraus und bereitete die Menschen auf den kommenden Bewusstseinswandel vor, was ihnen ermöglichte, eine neue Ebene des Gewahrseins zu erlangen. Seine lehrende Tätigkeit beinhaltete sowohl den therapeutischen wie auch den erzieherischen Aspekt und war durch die Weisse Bruderschaft inspiriert. Seine Verbindung zu den spirituellen Lehrern, die ihn inspirierten, war sehr klar und sehr rein. So war er über die höheren Bewusstseinsebenen in Kontakt mit den grossen Meistern und Lehrern, die hinter der Evolution der Menschheit stehen. Er nannte sie immer das «Management».

Ronald Beesley's Aufgabe bestand darin, ihr Lichtprojekt zu verankern. Er verfügte über eine derartige Klarheit, dass sogar in seinem Unbewussten nichts existierte, das die geistige Kommunikation, die Unterweisungen und die innere Führung beeinträchtigte. So bestand sein Wirken einerseits in der spirituellen Psychotherapie als einer sehr schönen Form des Heilens, die Körper, Geist und Seele miteinander verbindet. Und andererseits war es eine

7

Form der Schulung, in der Menschen lernten, mit interdimensionalen Energien zu arbeiten. Dabei ging es um das eigentliche Erwecken von Seele und Bewusstsein auf einer höheren Ebene, dies auf natürliche und somit gefahrlose Art. So zeigte sich der eine Teil seines Wirkens. Doch da gab es noch einen anderen Teil, der nicht wirklich sichtbar war und der sich vor allem darin ausdrückte, dass Ronald Beesley durch die Strahlkraft seiner Aura vieles in Bewegung setzte, wo immer er hinkam und was immer er tat. Oft unternahm er Pilgerreisen nach Israel, Ägypten, Griechenland und in die Türkei – an viele verschiedene Orte. Und immer dienten seine Reisen der Öffnung von Bereichen, durch die das Licht einfliessen konnte, so dass dann das Licht-«Management» feinstofflich einwirken und übernehmen konnte.

Ronald Beesley besuchte auch den Dalai Lama in Dharamsala in Nordindien und begegnete dort vielen heilend tätigen Lamas. Er erlebte, wie diese neben ihrer Heiltätigkeit auch Diagnosen durchführten, indem sie gesunde Menschen baten, sich auf die kranken Menschen, die wegen des zu weiten Weges nicht kommen konnten, einzuschwingen. Dann gaben sie den Gesunden, die anstelle der Kranken das Kloster aufgesucht hatten, Kräuter und Farben für die Kranken zuhause mit. Ronald Beesley hatte sich immer für Farben interessiert, doch bisher keinen beständigen und zuverlässigen Weg gefunden, um die Kräfte der Farben direkt auf den Körper zu projizieren. Nun hatte er die Idee, im White Lodge Centre Farben auf eine Leinwand zu projizieren und sie dadurch auf den weit entfernten Körper eines kranken Menschen zu reflektieren. Diese Heilmethode über Licht und Farbe wurde sogleich aufgenommen von jenen Lichtwesen, die er Lichtwissenschaftler nannte und die in die Linie der Erzengel eingebunden sind. Sie verwendeten dieses Farb-Heil-Projekt, um mithilfe erhöhter Licht-Schwingungen die Schatten der Vergangenheit, die über jedem Land lagen, zu klären. Es gab blockierte Bereiche in Europa, die sehr dunkel und dicht waren. Da hinein lenkte Ronald Beesley Licht und Farben – mehr musste er nicht tun. Anschliessend übernahm das «Management». So konnte er die Öffnung der Farb-Heil-Arbeit im White Lodge verankern, die ein Forschungsprojekt der spirituellen Wissenschaftler war. Sie arbeiteten mit kosmischem Licht, mit solarem Licht und mit Sternenlicht und webten alles in den ätherischen Erinnerungsspeicher ein und dadurch in die physischen Körper und das Alltagsleben der Menschen.

Ronald Beesley war ein Wegbereiter für Tausende von Suchenden. Die Heil- und Lehrarbeit mit Menschen förderte gleichzeitig seine Arbeit am Kollektiv und an der Erde. Die Licht- und Farbarbeit floss auch in die Erde, in die Energielinien der Erde selbst. So war Ronald Beesley ein wichtiger Mitarbeiter bei diesem interdimensionalen Projekt und sein Wirken unterstützte den Aufbau eines Licht-Netzwerkes auf der interdimensionalen Ebene und auch im Ätherband der Erde. Er war ein eigentlicher Pionier und sein Wirken war einzigartig. Es gab nirgendwo etwas Vergleichbares. Er wirkte völlig eigenständig dank der Klarheit seiner Verbindung und weil er sich nicht einmischte. Er betrachtete das, was er von der geistigen Ebene empfing, nicht als sein Eigenes. Er sah darin nicht etwas, das ihm gehörte, er entwickelte es einfach und arbeitete damit. Ronald Beesley hat auch erkannt, dass jede Rasse mit einem bestimmten Farbstrahl verbunden ist, der eine bestimmte psychologische Struktur in den Chakren und den Gehirnströmen der Menschen erzeugt. Und dass alle Rassen sich dadurch zum weissen Licht vereinigen.

Die Erzengelkräfte Michael und Gabriel, welche die Übergänge von einem grossen Zeitalter ins nächste begleiten, halten durch die Licht- und Farbarbeit das jeweilige momentane Gleichgewicht von Licht und Schatten in der dritten Dimension. Nach den beiden Weltkriegen war die untere Astralebene derart gesättigt, dass viele Seelen in der Verkörperung unfähig waren, ihren Lebensplan zu erfüllen. Das Licht-Farb-Projekt im White Lodge Centre unterstützt die Umwandlung des kosmischen Lichts der Sonnen und der Sterne in eine für Menschen ungefährliche Schwingung. Die Heilarbeit hat eine nährende, lehrende und therapeutische Wirkung auf ihre feinstofflichen Körper.

Ronald Beesley ist 1979 anlässlich seiner Tätigkeit in Indien bei einem Busunglück gestorben. Nach seinem Tode hat Peter Goldman, spiritueller Heiler und Lehrer, der seit 1965 eng mit Ronald Beesley zusammenarbeitete, das White Lodge Centre weitergeführt, zuerst als Vizedirektor und später als Direktor. Die Farb-Heil-Arbeit – der später auch die Klangarbeit zur Seite gestellt wurde – ist enorm gewachsen und hat sich in viele Länder ausgedehnt. Und in diesen Ländern sind auch viele Heiler im Netz des feinstofflichen Licht-Farb-Raumes der Engel eingebunden und heilend tätig.

Ronald Beesley's Vorträge und Seminare sind in vielen Büchern aufgezeichnet worden. Seine Lehren sind gerade in der heutigen Zeit sehr aktuell und viele Leser lassen sich durch sie auf ihrem spirituellen Weg inspirieren, führen und in ihrer Seelenkraft bestätigen. Es ist nicht einfach, ein Buch, das sich schwingungsmässig auf verschiedenen Dimensionen ausdrückt, zu übersetzen und dabei den Inhalt rein und unverfälscht im Rhythmus und in den Wurzeln der neuen Sprache wiederzugeben, in diesem Falle in der deutschen Sprache. Das ist nur möglich, wenn auch aus den gleichen Quellen geschöpft werden kann, wie Ronald Beesley dies tat – was uns im Laufe der Übersetzungsarbeiten sehr bald klar geworden ist! Wir freuen uns, Ihnen mit «Der sich entfaltende Pfad der Seele» das erste Buch einer geplanten Reihe von Ronald Beesley vorzustellen!

Elisabeth Bond und Peter Goldman

10

1
Die Reise der Seelen

Das Universum betrachtet jedes Leben an dem ihm zugewiesenen Platz innerhalb der Ganzheit allen Seins. Um eine Vorstellung von Kontinuität, Partizipation und Ausrichtung zu entwickeln, sollten auch wir eine universelle Sicht auf die Dinge des Lebens haben. Denn alle Dinge sind Teil des grossen Evolutionssystems, welches das Muster jeder Lebensform an den Ort seiner Bestimmung bringt, an seinen Ort im Raum. Wir sind Teil des Bewusstseins und sind gleichzeitig das Erbe der Zukunft wie auch ein Überbleibsel der Vergangenheit! Dies ist so bestimmt, um der Seele zu helfen, ihre vollständige Aufgabe zu finden.

Das grösste Hindernis für ein Verständnis dieses universellen Konzepts besteht in der Polarität der Persönlichkeit. Innerhalb der Persönlichkeit existiert eine abgeschlossene Welt, die durch ihre starren Muster begrenzt ist. Dadurch ist unsere natürliche, freie Lebenskraft häufig im Denken der Persönlichkeit gefangen, was sich hindernd auf die Seelenkraft auswirkt. Die Seele ist völlig frei, ist erfüllt von einem grossen, bewegenden Potential. Sie hat weitreichende Fähigkeiten, und doch ist sie gefangen in den ständigen Wiederholungen der Persönlichkeit.

In der inneren spirituellen Arbeit lernt der Schüler, wie wichtig die seelische Freiheit von der Tyrannei der Persönlichkeit ist – von ihren fixen sich wiederholenden Motiven, die durch den tierischen Instinkt geprägt sind –, um sich nach oben und nach aussen auszudehnen, hinein in das weiträumige multidimensionale Kraftfeld, zu dem die Seele Zugang hat. Auf der einen Seite befindet sich die spirituelle Verblendung der kleinen, begrenzten Persönlichkeit, auf der anderen Seite zeigt sich die Ganzheit, zeigt sich der grossartige universelle Plan der Seelenkraft, die sich danach sehnt, über die körperlichen Krankheiten und Schmerzen, über die instinktiven Ängste und Begrenzungen hinauszugelangen. Dies ist der Kampf der Krankheit, ist der Kampf der Gesundheit, in dem die Wege der Persönlichkeit vorwärts und rückwärts führen – jenseits der Zeit, und doch durch sie begrenzt. Darin liegt das ganze Feld der menschlichen Konflikte. Dies erklärt vielleicht auch das merkwürdige Verhalten der gefangenen Persönlichkeit, insbesondere des Verstandes, wenn es darum geht, sich über multidimensionales Denken zu befreien. Wir wissen, dass die scheinbare Gefangenschaft des wahren Selbst in einer begrenzten Persönlichkeit mentalen Stress sowie eine ganze Reihe von Krankheiten verursacht. Und uns ist auch bewusst – vielleicht nur vage –, dass die Frage von Jugend oder Alter sich auflösen kann, wenn die Seele von ihren Einschränkungen befreit wird.

Leben ist immerwährend, und es ist eine Tragödie zu glauben, wir müssten auf den Tod warten, um uns zu befreien. Es ist das gelebte Leben auf Erden, das diese Befreiung bringt. Es ist notwendig, dass wir uns von allen verfestigten Mustern von Religion und blinder Verehrung lösen, um in der Essenz des geistigen Lichts, des höheren Plans und des multidimensionalen Denkens die Freiheit der universellen Seelenkraft auszudrücken. Und auch um tief innen im Selbst diese enorme Kraft zu entdecken, die ihre Bestimmung erfüllen und ihre Abmachung in der Zeit einhalten will.

Alle Lebensformen sind Ausstrahlungen ihres Lichts. Das spezifische Leben, das wir jetzt auf Erden führen, wird mehr durch die äusseren Planeten als durch die inneren beeinflusst. So leben wir zum Beispiel am Rand der äusseren Atmosphäre der Sonne. Wir baden in den magnetischen Kräften des Mondes. Wir reisen auf einem Raumschiff namens Erde und baden in den Strahlen von Sternen und von Systemen jenseits unserer Vorstellungskraft. Wir gehen zu den verschiedensten Orten, wir leben unter einer bestimmten Sonne und werden so zu unserer Bestimmung in der Zeit und zu unserer Abmachung mit den kosmischen Verbindungen getragen. Reisen durch den Weltraum sind nicht bloss Phantasien, es sind geistige Reisen, und wir selbst sind Vertreter, sind Wahrzeichen der geistigen Erweiterung jenseits der Zeit, die in dieser Minute, in dieser Sekunde, die jetzt geschieht. Wir sollten aufblicken zu den vielen Dimensionen der Versorgung durch Strahlen, denn eines Tages können wir diese weit reichenden Strahlen-Quellen verwenden, um unser Heim zu beleuchten, um uns zu wärmen und zu ernähren, um unsere Baustoffe und alles Lebensnotwendige zu bekommen. Diese strahlenden Elemente und Energien, von denen die Erde nur einen sehr kleinen Teil erhält, warten darauf, dass wir sie entdecken und gebrauchen.

Wenn wir in der Erde graben, um die darin enthaltenen Elemente zu befreien, sind wir dann dankbar für diese kostenlosen Quellen, die uns stetig beliefern? Wir nehmen diese Gaben sehr leichtfertig an, wie die Luft, die wir atmen, und vergessen ihre interdimensionalen Verbindungen. Wir müssen unseren Blick nach oben lenken, weg vom ausgetretenen Pfad, vom ausgelaugten Erdaspekt des Denkens, hin zur kosmischen, universellen Ganzheit der Wahrnehmung, der das Muster der Zeit verliehen ist, das sich in die Bestimmung von uns allen fortsetzt.

Betrachten wir einmal das, was wir ein Experiment der Schöpfung nennen könnten. Das Denken ist ein Medium, durch das Pläne oder Symbole Form annehmen können. Eigentlich sind Ideen Symbole, durch die sich der Strom einer Gedankenlinie in der Essenz der Materie ausdrücken kann. Wir sind Kinder eines grossen kosmischen Ganzen, das Energie verströmt, Vitalität und Fruchtbarkeit. Diese Energieversorgung kann nur durch unser Unwissen begrenzt werden. Daher sollten wir auf die Welt der Planung blicken, um den Entwurf für die neue Zeit zu erkennen, und nicht das Alte wieder aufwärmen. Vielmehr sollten wir uns weit hinausstrecken zum bereitstehenden Potential, durch das die Seele alle physischen Quellen transformieren und transmutieren kann, so dass sie auf der Schwingungsebene der höheren Ätherfelder, der höheren Substanzen und der höheren Welten leben kann.

Wir sind zu sehr versunken im Staub einer jahrhundertealten Welt und richten uns nach dem «Altbewährten». Wir sind gefesselt durch den Aberglauben unserer Unwissenheit und lassen uns von den Ängsten unserer tierischen Instinkte steuern. Aus Angst vor dem Unbekannten verbleiben wir in einem Zustand der Gefangenschaft. Durch unseren Unglauben begrenzen wir das Potential des Sich-Wunderns, begrenzen die Sicht auf die noch nicht offenbarten Welten. So sehen wir einerseits Licht, sehen die Welt der Wunder und des Zauberhaften, sehen die Welt der unbegrenzten Energie. Und andererseits sehen wir die Realität eines langsamen Todes, der Gefangenschaft, der Traurigkeit, der Tragödie, der Krankheit, des Verlusts. So sollten wir in unserer Lebensführung eine neue Oktave anstimmen, eine neue Tonfolge finden. Dabei können wir in unserem Denken nicht nur ein neues Programm für die eigene Persönlichkeit formen, sondern auch anderen dabei helfen, für sich ein neues Programm zu erstellen. Dies ist das Kennzeichen der Lichtarbeiter der neuen Zeit, die sich über die Muster ihrer Begrenzungen hinaus ausdehnen und in der Welt des Unmöglichen leben: Sie lassen die wildesten Phantasien und Träme zu, sie begrüssen Utopien, Gesundheit, Kraft und Vitalität, die weder Schranken noch Tod kennen.

Einerseits wartet auf uns eine Welt voller Herrlichkeit, die an der Schwelle zu einer intelligenten Verwirklichung steht. Andererseits sehen wir Tatsachen, die zur Vernichtung der Welt, zu einer massiven Zerstörung, zum Kampf gegen Systeme, gegen Personen und Völker führen. Sie zeigen sich in den dichten Frequenzen der Materie. Auch im Kampf der menschlichen Schwächen zeigt sich diese Tragödie, zeigt sich in der menschlichen Persönlichkeit. Wenn jemals ein Zeitalter universelle Ganzheit brauchte, dann ist es dieses Zeitalter und diese Zeit. Doch wir können nicht in die Vergangenheit reisen, um ein neues Planungs-Konzept zu finden. Wir können nur in uns hineingehen und gleichzeitig unsere Vorstellungskraft in höhere Schwingungsfelder ausdehnen.

Sicherheit und Unsicherheit hängen meistens davon ab, ob wir etwas als bekannt oder als unbekannt wahrnehmen. Wenn uns etwas bekannt ist, dann fühlen wir uns sicher. Sogar eine Spur von etwas Unbekanntem oder Fremdem löst sofort eine primitive Angstreaktion aus. Hier erfährt die Herausforderung der esoterischen Einweihung ins höhere Denken ihre grösste Prüfung. Glauben wir an die majestätische Welt des weit reichenden Seelen-Potentials oder glauben wir an die Welt der materiellen Zerstörung und des Todes? Was ist unser persönlicher Beitrag?

Das Medium, das dieses neue Verständnis ermöglicht, ist die Kraft der Gedanken. Während es früher nicht so darauf ankam, was wir dachten, werden unsere Denkmuster jetzt, wo wir als Eingeweihte nach dem wahren Leben suchen, zu dessen Entwürfen und Plänen. Es sind keine zufälligen Pläne, sondern sie entstammen der Inspiration. Der Mensch nimmt sie wahr, wenn er sich über die Grenzen der Persönlichkeit hinaus ausdehnt und den wahren Plan der kosmischen Vereinigung zu leben beginnt. So gibt es in der Polarität Tragödien, aber auch grosse Freude und eine enorme Sehnsucht nach dem Unbekannten. So gibt es ein Mitwirken auf einer höheren Ebene der Kreativität – oder ein Weiterführen der niedrigeren Manifestationen von Krankheit, Disharmonie, Krieg,

Missbrauch, Gefängnis und den zwingenden Kräften der Evolution in höhere Schwingungen. Wenn wir die Herausforderung der höheren Zusammenarbeit annehmen, erhalten wir alle Möglichkeiten der freiwilligen Mitarbeit, durch die wir die Höhen der Bereitwilligkeit erklimmen können. Dies geschieht durch den freiwilligen Wunsch und durch blosse Notwendigkeit. Bei näherer Betrachtung erkennen wir, dass universelle Ganzheit die Bereitschaft zur Verbesserung des Plans bedeutet. Eine Bereitschaft, aus der Zukunft heraus zu geben und das Leben nicht durch die scheinbare Sicherheit der Vergangenheit zu begrenzen. Doch wir müssen an diesen Plan glauben, sonst führen wir lediglich weiter, was bereits besteht. Wenn wir daran glauben und diesen Glauben leben – vorausgesetzt wir sind fleissig, effizient, freundlich, tolerant, grosszügig und ausgeglichen in den wahren Werten des Lebens –, dann werden wir alles haben. Jede individuelle Begegnung mit anderen Menschen, mit Orten und Plätzen wird die Verbundenheit der Gemeinschaft stärken. Wir vertrauen der Entfaltung des Plans. Das eine ist die Realität, das andere ist ein Schattenland von Schein-Glauben, dem wir auf eigenes Risiko folgen und uns damit ins Verderben führen lassen. Dies ist nicht nur ein persönlicher Konflikt, dem wir gegenüberstehen, sondern ein kollektiver. Betrachte den Konflikt in den überfüllten Spitälern mit Tausenden von Menschen, mit all den Behandlungen, die die Menschheit, die nach Hoffnung sucht, überfluten. Sieh ihn in den Auseinandersetzungen zwischen Nationen, in den grossen Armeen, den Revolten, den Widerstandskämpfen. Stell dir den Aufruhr in der Welt vor, in dem die Menschenfamilie sich abrackert, sich anstrengt und für was auch immer kämpft, wenn es doch einfach nur tapfere «neue» Menschen braucht, die ein Gespür für den höheren Plan haben, ein Gespür für Akzeptanz und ein Gespür für Realismus.

Dies ist die Herausforderung: Können wir wirklich unseren Fuss in die reale Welt der Quanten-Kräfte oder der planvollen Kräfte

16

setzen, die ein Symbol von Kreativität sind, oder führen wir lediglich unseren persönlichen Plan aus, der in die erniedrigenden Zustände eines eingeschlossenen Selbst führt? Wir sind nicht isolierte Einheiten, wir sind keine getrennten Teile! Wir sind nicht bloss Ballast oder Treibgut, das auf dem Lebensstrom dahintreibt und dessen Schicksal der Tod ist. Wir sind Teil eines umfassenden, grossartigen Plans. Wir müssen unsere Haltung dem gegenüber, was wir Gott oder Urkraft nennen, ändern. Anstelle eines Gotts als Persönlichkeit sollten wir einen Gott der Schöpfung sehen, der nicht auf die Wunschkräfte einzelner Menschen eingeht, auf die kleinlichen Gebete, sondern der das majestätische System des grossartigen geistigen Gesetzes webt. Wir selbst haben Zugang zu diesem Gesetz – wir manifestieren gemäss dem Plan dieses Gesetzes. Wir müssen nun eine Partnerschaft eingehen und, statt Bettler zu sein, zu erwachten geistigen Mitarbeitern werden, die den ihnen zugeteilten Platz einnehmen, den Platz in der Mitwirkung an evolutionären Aufgaben mit neuen Konzepten. Wir müssen uns von der Idee, dass Gott einer bestimmten Religion angehört, befreien und die alles durchdringende geistige Absicht sehen und fühlen, die jeden Zustand und alle lebendige Materie imprägniert. Dies ist Bewusstsein in Aktion, dies ist Bewegung im Leben, dies ist die alles durchdringende Einwirkung, ist die göttliche Mixtur aller Lebensessenzen.

Nun wollen wir unseren Blick ein wenig ausweiten. Wir erkennen, dass die universellen Dimensionen nicht nur Menschen berühren, sondern dass ihre Gitternetze, die die Ideen des Plans tragen, tief gehen, dass sie grenzenlos sowie reichhaltig sind und alle ihre Bewohner mit einbeziehen. Auf Erden ist diese Weitsicht durch die Entwicklung jener möglich, welche die verschiedenen Dimensionen-Tore durchschritten haben und auf den höheren Ebenen mitwirken. Wir glauben, unsere Welt sei überbevölkert. Doch die Zahl der Menschen auf diesem kleinen Planeten ist nur eine Handvoll im Vergleich zu den riesigen Mengen entwickelter Wesen, welche die vielen Welten in den höheren Sphären bevölkern und Teil des Schauspiels eines sich entfaltenden Lebens sind, das sich in die Ewigkeit ausdehnt. Wir sind auf Erden nur ein Bruchstück davon, ein kleines, unbedeutendes Teilchen! Der aktuelle Zustand auf unserer irdischen Ebene ist nicht sehr gut. Daher müssen wir nun versuchen, ein neues Programm in das momentane Muster dessen, was wir die Essenz der irdischen Natur nennen, hineinzubringen. Dies geschieht bereits in der Düngung von Pflanzen und Samen, die erlaubt, dreimal soviel Nahrung aus halb sovielen Pflanzen zu produzieren. Doch der Mensch muss neue Konzepte finden für den Ackerbau, für die Wirtschaft, ja für die Lebenssysteme der ganzen Menschenfamilie. Dies geschieht zum Beispiel in einem weltumspannenden Bewusstsein durch die Dienste der Vereinten Nationen. Bei der Linderung von Hunger (und auch in vielen anderen Bereichen) sehen wir die Zeichen des universellen Plans, dessen materielle Umsetzung neue Lösungen ermöglicht. Allerdings geht es nicht einfach darum, Geld zu spenden! Wir müssen dieses neue Konzept eben nicht nur für die Unterernährten gutheissen, für die Unterprivilegierten und die Unterentwickelten. Wir sollten erkennen, dass es nicht das Ausmass an Erfolg ist, das eine Nation gross oder wundervoll oder berühmt macht. Nein, es ist das Gefühl für Integrität, es sind die innere Struktur und die Seelenkraft der beteiligten Menschen, die jedem Aufbau zugrunde liegen. In ihnen liegt die wahre Kraft, darin liegt die Zukunft. Was kann nun eine kleine Gruppe esoterischer Sucher bei der inneren Suche finden? Wie kann sie den Herausforderungen begegnen und vielleicht ganz bescheiden die tiefere Wirkkraft finden und anwenden?

Die erste Stufe des erwachenden Bewusstseins ist die Persönlichkeit selbst – und genau hier muss das Werk der neuen Zeit stattfinden, auf der Ebene der Persönlichkeit: in der Verankerung des Plans, in der Befreiung der Form und in der Neugestaltung des Denkens in ein erweitertes, universelleres Konzept von Göttlichkeit und den alles durchdringenden Einflüssen der seelischen Kreativität. Wir alle sind eine Ansammlung von Gegensätzen und tragen viele Samen in uns. Wir wissen nicht wirklich, wer wir sind, da wir nie allem ausgesetzt sind, das wir sind. Doch wir können sicher sein, dass wir bereit sind zu helfen, wenn wir jemanden in einer schwierigen Situation sehen. Dieser Same ist in unseren Herzen angelegt. Wir sind alle aus demselben Stoff geschaffen, wir haben ein ähnliches Potential und *alles* ist in uns angelegt. Wenn wir Versuchungen ausgesetzt sind, Risiken und Gefahren, können wir vorher nicht sagen, ob wir mehr oder weniger erfolgreich damit umgehen können. Der Schlüssel zum Wachstum liegt im Ausgesetztsein der Persönlichkeit in den Feldern der Polarität und der Materie.

Einige von uns wachsen stetig während des ganzen Lebens; doch viele hören mit vierzig auf zu wachsen – oder sogar früher. Stattdessen ziehen sie sich zusammen, werden nicht mehr bewusster und das Konzept des wahren Planes kann seine wahre Bestimmung nicht erfüllen. Im Muster des Erwachens zu leben heisst mit Selbstbeobachtung zu beginnen und die eigenen Reaktionen wahrzunehmen. Sind wir bereit, die Schulung der Selbstkritik anzunehmen, der Kritik durch andere, ohne zu verlangen, dass sich das Leben nach unserer Persönlichkeit richtet? Dies ist die erste Stufe des inneren Erkennens, was bedeuten kann, dass wir viele unserer früheren Werte über Bord werfen – und diese sind oft tief verankert und bilden einen Teil unserer grundlegenden Sicherheit. Doch je sicherer wir sind, in umso grösserer Gefahr befinden wir uns. Je unsicherer wir sind, umso mehr Potential ist bereit, in die Zukunft zu fliessen, so dass wir dieses persönliche Potential als Schlüssel für unsere Bestimmung in Zeit und Raum nutzen können.

Dies ist unsere Arbeit – durch Selbst-Erlösung mit Hilfe dieser universellen Planungskraft. Mit der Anwendung des «neuen» Lebensprogrammes können wir wirklich manifestieren, was Christus aufzuzeigen versuchte: dass die Begrenzungen von Körper und Verstand nur ein Zustand des Unglaubens sind. Und es ist dieser Unglauben, der im Bewusstsein einer Persönlichkeit die grösste Herausforderung ausmacht. Schüttle diesen Unglauben ab! Beseitige dieses Zweifeln, diese Unsicherheit, diese Angst vor Kritik, vor Verurteilung und Abwertung. Heisse die verschiedenen Einflüsse willkommen und betrachte deine Reaktionen. Denn da ist der Lehrer, da ist das Leben, das mit dem Finger auf deine Schwachpunkte zeigt und sich bemüht, sie in Stärken umzuwandeln und deine angeblichen Stärken als Schwächen zu entlarven. Das Leben selbst ist dein Lehrer, und wenn du diesen Themen ausgesetzt bist, erwacht deine Kraft. Erwacht die Kraft zum Wandel, die es möglich macht, nicht funktionierende Lebenspläne eines Menschen neu zu formen und einen Menschen von mentaler Zerrissenheit und Nichtwissen in mentale Sicherheit und in innere Gewissheit zu erhöhen.

Durch unsere Glaubenskraft und durch unsere seelische und geistige Natur werden wir fähig, einen stetigen Fluss von Frieden und Sicherheit im Menschsein zu erzeugen, so dass wir ein trauriges Lied in ein jubilierendes Freudenlied wandeln können. Glaube daran, denn diese Kraft ist ein Schlüssel zum universellen Plan. Denk an all die psychiatrischen Kliniken, in denen so viele Menschen weggeschlossen sind. Denk an die Gefängnisse, an die Spitäler, denk an die, die unterernährt sind, und erkenne, wie das niedrige Selbst gegen die Zukunftsmuster der Menschheit arbeiten kann. Bringe die seelische Verantwortung in das niedrige Selbst, voll und tief, damit jede Handlung in der Zeit ein Werk des höheren Plans ist. Halte es fest in deinem Denken, sorge dich nicht darum, ob du es richtig machst, und verliere die wahre Ausrichtung nicht aus den Augen. Wenn wir sie aus den Augen verlieren, dann verlieren wir den Plan in allem, was wir als kleine Gruppe esoterischer Denker an neuen Impulsen freisetzen können, als neue Vitalität, als neue Fruchtbarkeit. Geben wir alles in die sich entfaltende Bestimmung, in die wir zu dieser Zeit hineingeboren wurden!

2
Geist über Verstand –
unser spirituelles Bewusstsein

Wenn wir die natürliche Beziehung zwischen dem menschlichen Verstand und dem Geist erforschen, so werden wir dabei zu einem Instrument des Experimentierens. Wir persönlich sind dann die direkte Beziehung des Verstandes zu einem höheren Seinszustand. In der dritten Dimension leben wir das menschliche Konzept eines Sinnes-Lebens (wir sehen, hören, riechen, schmecken, ertasten), das durch die eingeschränkten Schwingungen der niedrigen Wahrnehmung begrenzt ist. Die Sinnes-Kräfte, so wunderbar sie sind, sind winzige Impulse im Vergleich mit dem inneren Sinn. Erst wenn wir die Barriere des dritt-dimensionalen Lebens durchbrechen und uns in die viert- und fünft-dimensionalen Konzepte hinein ausdehnen, beginnen wir zu erkennen, dass der Geist stärker ist als der Verstand. Der Geist ist nicht nur uralt an Weisheit und tief an Visionskraft, sondern ist in einem anderen Bezugsrahmen von Wahrnehmung angesiedelt. Die menschliche Sicht bietet uns einen Raum, in welchem die dritte Dimension als Realität gesehen wird, die höheren Dimensionen jedoch als Nicht-Realität. Wir kehren nun diese Sicht um und sagen, dass die dritte Dimension die Welt der Schatten ist, des Irrglaubens und der falschen Wahrnehmung; die höheren Dimensionen sind die wahre Realität der Seele, die wir im Menschsein als übernormal betrachten könnten. Das sogenannt Normale ist nur ein Leben ständiger Wiederholungen, das seinen instinktiven Impulsen folgt und seinem Magen und seiner Bequemlichkeit dient. Ein Leben, das Trost sucht in äusseren Bildern, das sich in die Welt der Sinne stürzt, um im Lärm und in der Bewegung Geborgenheit zu finden. Ein Leben, in dem wir uns an äusseren Dingen orientieren und unsere Wahrnehmung in die Welt der Formen richten. Früher oder später werden wir einsam und verängstigt, weil wir so nur unvollständige Menschen sind.

Bevor wir den Kraftstrom des unsichtbaren Bewusstseins entdecken, bevor diese Entdeckung nicht von jedem Individuum persönlich gemacht wird, haben wir Angst, uns über den Bereich der fünf Sinne hinauszuwagen. Dies verlangt eine bestimmte Art von Mut. Wir müssen bereit sein, der Kritik unserer Mitmenschen zu widerstehen, um uns über unsere Grenzen hinaus auszudehnen. Doch wenige sind bereit, über das Stadium hinaus zu gehen, in dem sich alles um die eigene Bequemlichkeit oder Unbequemlichkeit dreht.

Auf den ersten Blick kann uns die äussere Welt eine Art von Befriedigung geben. Doch früher oder später erkennen wir, dass es eine Welt von Schauspielern ist. Wir stehen neben der schauspielenden Persönlichkeit und sehen uns selbst unsere Rolle spielen – dies oft auf einer niedrigen Ebene. Dies ist eine komplexe Situation, wo sich die Verbindung zweier Schwingungsebenen – Verstand und Geist – vielleicht an ihrem schwächsten Punkt befindet. Hier ziehen sich viele von der geistigen Ausdehnung zurück, weil sie denken, sie würden in eine Welt der Geister, in eine Welt der Angst und der Unbewusstheit eintreten, in der die niedrigen Kräfte sich deutlicher zu zeigen scheinen. Dies ist die Schwelle zwischen dem Leben in der Alltagsroutine der äusseren Eindrücke und der Entfaltung der inneren Wirklichkeit des viert- und fünf-dimensionalen Selbst. An diesem Punkt beginnen wir zu ahnen, dass das Leben nur von der inneren Wirklichkeit aus gelebt werden kann und über die nach aussen gerichteten Tätigkeiten eines Menschen ausgedrückt wird. Die Bewegungen der Muskeln und die Reflexe, wie wir sie kennen, eingeschränkt durch die Gravitation, sind in der komplexen Situation der Persönlichkeit gefangen. Erst wenn wir über die Phase der menschlichen Vorstellungskraft hinaus gelangen, bekommen wir eine Ahnung dessen, was grösser ist als wir, eine Vision von etwas Neuem, etwas Bedeutendem, in das neue Konzepte und Ideen aus einer höheren Schwingungsfrequenz einfliessen. Wir füllen den Raum um uns mit Fühlen, mit unseren Empfindungen. Und in diesem Zustand oder Umfeld beginnen wir sowohl den inneren als auch den äusseren Menschen zu entdecken. Nach all dem Handeln aufgrund blosser Logik und intellektuellen Denkens, durch das wir nur dritt-dimensionale Erscheinungen verstehen können, begegnen wir plötzlich Menschen, die diese andere Form des «Wissens» haben, finden ein unbeschreibliches Etwas, das nicht immer erklärbar ist. Vielleicht spürt man eine Wärme um solche Menschen, eine Qualität des Denkens, die einem normalen Menschen fremd und ungewohnt vorkommen mag, die jedoch für Menschen, die von innen heraus leben, völlig natürlich ist.

Wenn wir die Welt der begrenzten Sinne verlassen und in den grenzenlosen Zustand des Lebens eintreten, staunen wir über die Möglichkeiten, die uns erwarten. Hier gibt es keine einschränkenden Kräfte, weder in Bezug auf Gesundheit oder Philosophie noch in Bezug auf die Phantasie in der Kreativität. Unser Bewusstsein wird vom grösseren Strom der Evolution getragen. Dieses Stadium kann uns vorbereiten, Gott als einen Bewusstseinszustand zu erkennen, einen Zustand des Gewahrseins, in dem wir einen neuen Weg, einen neuen Pfad finden können und die Seele als einen Wegbereiter zum universellen Wissen sehen. Dabei folgt die Seele ihrem Lichterbe voller neuartiger Möglichkeiten und Konzepte, mit denen wir unseren menschlichen Lebensraum füllen können. Wir leben nicht länger in einem leeren Nichts. In diesem neuen ideenreichen Leben befinden wir uns unter inkarnierten Wesen, die in einer neuen Art und Weise zu unseren Partnern werden, dies in einer verbindenden und mitwirkenden Kraft. Wir sind nicht mehr Passagiere im Raumschiff, sondern wir wechseln zur Mannschaft hinüber.

Um in dieses neue raum-füllende Programm einzutreten, benutzen wir die Essenz der grundlegenden Lebens-Idee. Die Idee selbst ist nicht immer erkennbar, doch irgendwo im Hintergrund wirkt die Kraft einer bestimmten Ahnung, sie drängt uns vorwärts, sie unterstützt unsere Ausdauer. Wenn wir gefragt würden, was denn diese unbekannte Idee sei, hätten wir grosse Schwierigkeiten, denn wir würden nach einer dritt-dimensionalen Erklärung suchen. Wir sollten sie vielleicht – symbolisch gesehen – als Erfindung eines Teils für eine Maschine betrachten oder wie ein andersartiges System. Eigentlich ist jede Idee ein kosmischer Kraftfluss, ist ein Strom, der uns an den verschiedenen Hindernissen vorbei trägt, welche die höheren Mechanismen unseres Denkens hemmen. Damit ist unser Denken nicht nur auf gedankliche Konzepte ausgerichtet, sondern ist auch fähig, einen energetischen Raum entstehen zu lassen.

Dieser Raum, der aus der unsichtbaren Idee entstehen darf, ist ein Zustand der Wärme. Einer Wärme, die über das Fühlen hinaus reicht und uns in die Schwingung der Geborgenheit hüllt, in ein Gefühl der Zugehörigkeit. Und wenn diese Schöpfungsidee in unseren Lebensraum einfliesst, schwemmt sie Einsamkeit, Hoffnungslosigkeit und Sinnlosigkeit weg. Denn nun werden wir nicht länger genährt durch dritt-dimensionalen Fatalismus, durch die Unabwendbarkeit des Todes, durch Verlust oder Gewinn, durch unerreichte Ziele, durch Alter und Jugend. Es herrschen nicht mehr die Bedingungen dritt-dimensionaler Konzepte, welche die Umgebung einer Persönlichkeit gestalten, sondern es ist dieser ständige Fluss einer göttlichen Idee, genährt von den Strömen des höheren Bewusstseins. Dieses Geschenk ist der Startschuss, um sich an die innere Arbeit zu machen.

Wenn die Fliesskräfte des Lichts in die Persönlichkeit eintreten, bewirken sie ein Erwachen; sie erfüllen den Menschen, es ist als ob der Mantel der Götter ihn in eine völlig neue Aura einhüllen würde. Wir erkennen, dass der Verstand eine wahre Beziehung mit dem spirituellen Selbst eingeht. Dies bedeutet, dass die Partnerschaft von Geist und Verstand durch das höhere Konzept der Herzens-Wahrnehmung, des wahren Fühlens, und der feinstofflichen Atmosphäre bestimmt und nicht mehr durch die Angst-Kräfte des instinktiven und primitiven Lebens unterdrückt wird.

In diesem Stadium ist uns vielleicht noch nicht bewusst, dass es ein Leben nach dem Tod gibt. Wir können uns die göttliche Idee einfach als Fluss vorstellen – als konstantes Fliessen. Und in diesem Fluss werden wir in den Raum der Idee hineingetragen. Auf den ersten Blick erscheint es merkwürdig, dass der menschliche Raum gefüllt werden muss. Doch stell dir vor, dass das niedrige Denken nun in einem Vakuum existiert, das noch nicht gefüllt worden ist. Der Verstand ist wie ein Kokon, der in die Windeln seiner Geburt gewickelt ist und sich noch nicht ausgewickelt hat, der noch nicht aus seinem Puppenstadium hinausgekommen ist, um sich der neuen Realität zu stellen.

Dies führt uns zu einer neuen Form der Kommunikation. Durch die ewigen Wiederholungen der dritten Dimension ist die Kunst der Kommunikation sehr eingeschränkt, ist unentwickelt und unempfänglich gegenüber vielem. Wir brauchen wahrlich einen Schlag auf den Kopf, um auch nur die einfachste Idee aufzunehmen. Das menschliche Denken ist nicht nur ein Zustand des Schlafwandelns, sondern ist die Gefangenschaft der Seele in der Zeit. Nun erreichen wir eine neue Phase, denn wir können erkennen, dass der Same der Lebensidee nur befreit werden kann, wenn wir unser heutiges Konzept der Zeit ändern. Wir werden dominiert durch eine Uhr, durch Routine, durch ein System, gemäss dem wir den

Körper zu bestimmten Stunden mit Nahrung füllen, ihn aufrichten und wieder sinken lassen, ihn spazieren führen, baden, waschen. All dies passiert, während wir gleichzeitig auf das Ziffernblatt eines Instruments schauen, dem wir den Namen «Zeit» geben.

In den frühen Lebensstadien, bevor die Windeln von uns genommen werden, brauchen wir Wiederholungen, denn sie bedeuten Sicherheit. Wir brauchen das ständige Ticken, wir brauchen das Wiedererkennen von irdischen Abläufen, wir brauchen die physische und psychische Wahrnehmung, wir brauchen Gewissheit. Denn das Denken hat noch keine Unabhängigkeit erreicht, hat sich noch nicht der tieferen Kommunikation geöffnet. Einige Seelen leben viele Leben ohne Kommunikation und fallen in grosser Zahl in Zustände eines partiellen Schlafs, wobei sie in Körper hinein- und wieder aus ihnen hinausgehen, ohne dass sie je eine direkte Beziehung zwischen dem Verstand und dem Geist herstellen. Diese Art des Inkarnierens ist verschwenderisch, sie ist ein Gebrauch des kosmischen Raumes, ohne dessen Geschenk des wissenden Fühlens zu nutzen. Bevor wir das Potential des wissenden Fühlens nicht nutzbar machen, leben wir gar nicht – wir gehen nur durch eine Reihe fester Gewohnheiten und Abläufe, steigen und fallen wie die Gezeiten in den automatischen Einschränkungen von Zeit ohne kosmischen Raum.

Wir sollten uns ernsthaft mit einer neuen Sichtweise der Zeit befassen, denn darin liegt die Befreiung. Zeit ist nur ein Baustoff, ist nur ein organisches Weiterschreiten, ist ein Denk-Ablauf, mit dem wir erbauen können wie mit irgendeinem anderen Material. Sie ist ein Mittel, um Dinge zu erfassen, ist ein mathematisches Zusammenführen der Gitternetze, mehr nicht.

Betrachten wir nun die beiden komplexen Systeme der dritt- und der viertdimensionalen Persönlichkeit, also Körper und Psyche.

Schauen wir tiefer, so sehen wir, dass Leben nicht nur ein äusserer Ausdruck ist. Das wahre Leben ist unsichtbar, ist innen. Die Form und die Gestalt, die wir kennen und sehen und fühlen, sind nicht die Form und die Gestalt, die wir wirklich sind. Wir können eine Idee nicht sehen – wir können Liebe nicht sehen –, obwohl wir Manifestationen davon sehen können. Sogar die Zeit können wir nicht sehen. Das wirkliche Leben, das sich in der Welt des Denkens abspielt, ist völlig unsichtbar. Dies ist nicht neu, es ist sogar eine sehr alte Denkweise, doch es führt auf eine neue Art in das hinein, was wir als das Füllen des Raums oder des Umfelds der Persönlichkeit bezeichnen, während sie ihren vollen Kraftstrom betritt. Es ist eine neue Form der Vitalität, einer Vitalität, die vollumfänglich mit dem geistigen Fluss verbunden ist, was nichts zu tun hat mit der physischen Kraft. Diese ist Teil des materiellen Körpers.

Wir sind einem Schauspieler ähnlich, der täuscht, versteckt und verheimlicht, aus Angst, die unsichtbare Person könnte zum Vorschein kommen. Wir machen unser Leben zu einem Geheimnis und zeigen nur unser Äusseres, in der Hoffnung, dass das innere Selbst, das Motiv, das Gefühl, die Empfindung und die Wünsche nie in der äusseren Form sichtbar werden. Wir entwickeln eine schlaue Maske und errichten eine Fassade, durch die wir das Innere vor dem Äusseren zu beschützen versuchen. Wie jede verkrustete Schale kann diese sehr dick werden; sie kann unseren geistigen Fortschritt verlangsamen und uns in ein zerbrechliches Gefäss verwandeln. Solch eine Maske ist verheerend, sie weckt den Eindruck eines lebendigen Begrabenseins. Oft hört man eine verängstigte, hungrige, hohle Person hinter diesem Panzer. Sie weint und schluchzt und versucht, hinaus zu gelangen, doch sie weiss nicht wie. Wir können die Persönlichkeit so sehr verkümmern lassen und abschotten, dass der Verstand aufhört mit dem Geist zu kommunizieren. Er sitzt isoliert hinter seiner Fassade und muss warten, bis eine Krise ihn in die Stürme der Erfahrungen stösst. Wenn Schocks geschehen, ist die Persönlichkeit selten darauf vorbereitet und kann nicht damit umgehen. Dann versucht sie sich wieder zurückzuziehen in ihre Sorgen, ihren Kummer, ihre Krankheit, ihre Tragödie, in ihr Verstandeswissen und Selbstmitleid. Diese Trennung zwischen dem unsichtbaren und dem sichtbaren Menschen ist ein Feld, in dem ständig gearbeitet werden muss, dessen Früchte ständig enthüllt werden müssen. Nur solange der Geist den Verstand füttern kann, sind wir lebendige Menschen; doch wenn dieser Versorgungsfluss gestaut, wenn dieser Kommunikationskanal zwischen Geist und Verstand verschüttet ist, leben wir wahrlich alleine in einem leeren Raum.

Werden wir allmählich vertraut mit dem geistigen Wissen, dass das wahre du und das wahre Ich unsichtbar sind, dass die unsichtbare Welt die reale Welt ist, von der eine machtvolle Idee ausgeht, die grösser ist als wir, dann beginnen wir, neue Möglichkeiten des Ausdrucks zu ahnen und zu fühlen. Wir sind nicht länger gefangen in den Überzeugungen des dunklen Zeitalters; wir sind nicht mehr abhängig von den Gebeten anderer – wir haben es nicht mehr nötig, dass für uns oder zu uns gebetet wird. Und – wie wir früher schon sagten – wir hören auf, Mitreisende zu sein, wir gehören zur Mannschaft und übernehmen Verantwortung. Wenn es dir hilft, versuche zu begreifen, dass deine Gedanken nicht auf die Schwingungen der Schwerkraft oder der Zeit beschränkt sind. Blitzschnell, in einem Augenblick, kannst du mit jemandem in Australien, Neuseeland, Amerika, am Nord- oder Südpol zusammen sein. Im Bruchteil einer Sekunde bist du mit ihnen in Kommunikation, so schnell wie du denkst, denn das Denken bewegt sich ausserhalb der Zeit. Es ist nicht mehr begrenzt. Der höhere Mentalkörper arbeitet immer jenseits der Zeit und ist daher fähig, mit neuen Bereichen der Umgebung und der Gefühle zu kommunizieren und in ihnen eine neue Empfänglichkeit für seelische und telepathische Kommunikation herzustellen. Kommunikation und

Leben sind dasselbe. Solange wir austauschen, leben wir. Wenn die geistige Kommunikation aus irgendeinem Grund nicht gelebt wird, wenn sie abgelehnt, verzerrt, verzettelt oder unterdrückt wird, so hören wir wieder auf, als seelische Menschen zu leben, und werden zu Robotern in der Welt der Schatten.

Lebendige Kommunikation ist die Idee der Freiheit im Raum – denn das Denken ist nicht begrenzt durch die Zeit; für Gott sind tausende von Jahren nicht mehr als eine Sekunde. Wir brauchen nun ein neues Gespür für Einfachheit, eine Einfachheit, die uns von den Schatten des Komplizierten befreit und uns ein neues, demütiges Gefühl der Wirklichkeit des Lebens gibt. Wie können wir uns nun in dieses erweiterte Raumgefühl hinein versetzen? Wie können wir uns den Schwingungen des wahren Lebens übergeben? Indem wir dieses neue Gefühl der Kommunikation stärken, das keine Grenzen kennt, ja das nicht einmal ein Gefühl von Ewigkeit ist, sondern stetiges Fliessen. Es geht nicht um die Frage, ob es einen Anfang oder ein Ende gibt. Wichtig ist: Können wir dieses nie versiegende Wissen leben? Und die Antwort ist – ja!

Stellen wir uns nun vor, dass wir als Forscher ohne Zeitbewusstsein unsere Umgebung mit einem neuen Raumgefühl füllen; was geschieht dann mit der alten Persönlichkeit? Das kann ich dir sagen: Sie ist wie die zerbrochene, wie die leere Schale eines Eis. Sie fällt einfach weg bei der Geburt des neuen Du. Wir sehen viele Menschen in verschiedenen Stadien von früher Erweiterung des Denkens, die Eiern gleichen, umhüllt von einer Schale, einer Schicht, die den Embryo schützt. Und wenn wir uns aneinander reiben, wenn wir innere Arbeit leisten und uns in andere Kommunikationsfelder hinein bewegen, wird die Schale dünner. Plötzlich steht der Mensch eines Tages ohne Schale da! Das ist ein aufregender Moment! Man ist nie ganz sicher, wann die Schale zerbrechen wird. Doch ich bin sicher, wir würden uns danach niemals mehr in den alten Zustand zurück sehen. Allerdings sind wir noch nicht fertig mit all den Schalen, da wir jetzt eine bestimmte neue Form von schützender Kraft in uns erzeugen. Und mit dieser neuen Form tritt das Gesetz der Gegensätze durch die Zeit in einen freieren Bezug zur Materie.

Materie ist lediglich die Substanz des Denkens. Löse den Gedanken auf und du löst die Substanz auf. Probiere das aus bei einem Problem – und es funktioniert; denn das Problem ist nur ein komplexer Gedanke. Wie ein alter Pfarrer, den ich schon als Kind kannte, jeweils sagte: «Freunde dich an mit deinen Feinden, und du hast mehr Zeit für Gott.» Dies ist nur eine andere Art zu sagen: Warum Energie verschwenden für Rivalitäten, für fruchtloses und unnützes Verhalten, wenn es einen anderen Seinszustand gibt, ein Bewusstsein, das darauf wartet, gefüllt zu werden durch die wahre Erkenntnis des inneren Selbst. Ein freier Mensch ist natürlich – vielleicht sogar übernatürlich –, doch jedenfalls natürlich. Jede Generation überwindet eine Phobie; die phobische Angst vor dem Übernatürlichen wird nun in einen natürlichen Zustand umgewandelt und somit zum Feld der neuen Wissenschaft. Dabei sind die Entdeckungen so rasant und neuartig, dass sogar Spezialisten nicht mithalten können mit dem weiten Feld der Forschung, die weltweit von wissbegierigen, suchenden, positiv denkenden Menschen betrieben wird. Der Verstand ist der Weg zum Geist, und er ist auch der Weg zum eigenen Bezug zu Gott. Doch können wir nicht das körpergebundene Verstandesdenken anwenden – wir müssen den Verstand zuerst von der Gefangenschaft in der Zeit befreien, wir müssen ihm Raum geben und eine neue Umgebung, bevor eine neue Welt entstehen kann. Sonst wiederholen wir nur die Fehler der Geschichte, ohne die Strukturen von Angst, Aufrüstung und Zerstörung aufzulösen. Und es bleiben die alten politischen oder sonstigen Systeme, in denen die ganze Menschheit miteinander im Kriegszustand lebt.

Das wirkliche Experiment beginnt, wenn wir erkennen, dass wir nicht gefangen sind in Zeit und Raum, dass wir Individuen sind, die mit der Kraft und dem Fluss der universellen Gedanken verbunden sind. Dass wir ein raumfüllendes Programm vor uns haben und dass die Persönlichkeit das Instrument ist, durch welches wir unseren Teil des persönlichen Raumprogramms erfüllen können. Wenn wir dieses neue Gefühl für eine lebendige Umgebung leben, gehen wir eine bewusste Beziehung zu einem übergeordneten Wissen ein, zu einer Offenheit für Ideen, Formen und Farben, für Klänge, Strukturen, Gefühle und Atmosphären, die nicht vom schlafenden Verstand stammen. Wir nutzen universelle Strukturen und Formen, die noch nicht in einer dritt-dimensionalen Gestalt verkörpert sind. In anderen Worten, wir leben jenseits der Zeit und jenseits der menschlichen Sinne. Wir atmen die Ewigkeit ein und drücken die ewige Kraft aus durch die Projektion des Verstands. Dies geschieht jenseits des Gefängnisses einer unwissenden Verkörperung auf dem ewigen Pfad des Wissens. Hier müssen wir Gott als Wissen sehen, als Wissenschaft, als Logos, als Gesetz. Wir müssen den Sinn des Ganzen nicht als eine Beziehung zwischen Persönlichkeiten sehen, sondern als universelles Bewusstsein, das in alle Lebensmuster hineinwirkt. Daher können wir uns nicht abgrenzen von irgendeinem Bewusstseinsaspekt. Wir nähern uns nun der neuen Schwelle, der Schwelle des universellen Denkens, wo sich unser esoterisches Wissen vertieft und dabei die verborgenen Wahrnehmungskräfte des Universums offenlegt und befreit, so dass sie zu einem Bestandteil unseres Lebens werden. Wir spielen nicht mehr Theater, wir hören auf zu heucheln, wir haben es nicht mehr nötig, uns hinter Täuschungsmanövern zu verstecken. Wir können unsere Lernschritte nehmen, wie sie kommen, aufrichtig und offen, geradeheraus und ohne sie zu verbergen. Wir erkennen eine verlässliche Wahrheit, die nicht nett ist zu unseren Emotionen, jedoch gut für unsere Seele. So können wir auf jeder Bewusstseinsstufe – ob hoch oder niedrig schwingend – offen und grossmütig genug sein, um zu erkennen, dass es sich um einen Teil des All-Lebens in Aktion handelt. Es kann sein, dass wir es nicht verstehen, dass es uns nicht passt, dass wir nicht damit einverstanden sind. Doch dies ändert nichts an der Tatsache, dass alles zum Ausdruck des ganzen Lebens gehört, an einem bestimmten Ort, in einer bestimmten Form, und dass wir es daher respektieren müssen. Bei Kindern zeigt sich dies sehr deutlich. Sie akzeptieren einen Menschen, der einfach ist, und sie meiden einen Menschen, der sich in einem Zustand der komplizierten Spaltung befindet. Ein Kind weiss dank seiner blossen Natürlichkeit, ob es einem Erwachsenen trauen kann oder nicht. Und diese klare Einfachheit prägt die Kommunikation mit einem natürlichen oder einem un-natürlichen Menschen.

Wir haben nun ein Stadium der Beziehung zwischen Denken und Geist erreicht, das einen neuen Zustand unseres räumlichen Umfelds mit sich bringt, eines Lebensgefühls jenseits der Zeit. Einen Zustand, der eine Ausweitung der universellen Ideen erlaubt, die ausserhalb des Verstandes fliessen und uns mit neuer kosmischer Nahrung versorgen. Spirituelles Bewusstsein ist das Mittel, welches zukünftige Verankerungen des neuen Denkens ermöglicht. Wir sind die Kanäle, durch die diese Ideen fliessen können, denn sie können nur durch den Verstand in die irdische Dimension gelangen. Es gibt keinen anderen Weg. Doch der Verstand muss einfach sein und klar in der Kommunikation; er muss sich in seinem ganzen Wert entfalten können, nicht quantitativ, sondern durch die einfache Kraft seiner Qualität. So muss die Beziehung zwischen den verschiedenen Vitalkräften sein, die zur Erde fliessen, wo sie die Aufnahmebereitschaft des Verstandes, des Geistes, der Atmosphäre sowie der Umgebung brauchen, um sich in den kommenden Zeiten auf Erden verankern und Früchte tragen zu können.

3
Die mystische Kraft in uns

Das Wort «mystisch» hat seit eh und je eine merkwürdige Faszination auf das menschliche Denken ausgeübt. Verborgen in geheimnisvollen Welten erfolgte über Jahrtausende hinweg eine unbewusste innere Suche nach dem Selbst, bei der vor allem über die Vitalität der Lebenskräfte nach Antworten und Erklärungen geforscht wurde. Physisch leben wir in einer komplexen Welt von äusseren Kräften, die Teil eines primitiven Evolutionsmusters sind und die manchmal Feinde der Menschheit zu sein scheinen. Aus diesem Grund hat der unbewusste Mensch immer nach Schutz gesucht und hat im Laufe der Zeitalter bestimmte Wesen zu Göttern gemacht – Tiere, Vögel, Fische und sogar seinesgleichen – als Schranke gegen das, was er als böse betrachtete, und um sich mit dem zu umgeben, das er für gut hielt.

Wenn wir alte Zivilisationen und Religionen untersuchen, finden wir einen ständigen Angstzustand, finden eine ständige Anspannung vor, um die menschliche Persönlichkeit gegen Kräfte zu beschützen. Gegen Kräfte, die einzubrechen oder einzugreifen drohen und die sogar die ganze Lebenskraft zum Erliegen bringen könnten. Diese Kräfte waren in frühen Zeiten so machtvoll, dass Aberglaube selbst zu einer Religion wurde. Verschiedene Symbole und Zeichen sowie Schutzrituale wurden aus der Angst der Menschen vor dem Mystischen entwickelt, vor dem «Feind» da draussen, gegen den sie ein Abwehrsystem schaffen wollten. Es sind diese Schutzsysteme, die zu Religionen wurden, mit ihren Ritualen und verschiedenen Formen von Gesetzen und Lebensführung. Viele von ihnen dauern bis heute an und beeinflussen dort, wo noch geistiges Unwissen herrscht, einen riesigen Bereich des alltäglichen Denkens des Durchschnittsbürgers.

Ein junger mit mir befreundeter Arzt, der häufig in Afrika war, erzählte mir über die Rivalität zwischen den jahrtausendealten geheimen Traditionen von Angst und Aberglauben. Er musste sie schlussendlich zu einem Teil seiner ärztlichen Praxis machen. Sobald er die primitiven Formen des Schutzes in Verbindung mit seiner eigenen Tätigkeit akzeptierte, konnte er ziemlich erfolgreich wirken. Aber solange er diese schreckliche Tiefe der Angst und des Aberglaubens seiner Patienten nicht anerkannte, solange er ihnen nicht mit Respekt begegnete und nicht zugab, dass ihre Schutzrituale eine gewaltige psychologische Wirkung hatten, blieb er machtlos mit seiner modernen Medizin.

Sogar beim modernen Menschen finden wir Aberglauben in Bezug auf Unglück, Pech und ungünstiges Schicksal. Vom Glück als einer Art Zufall zu sprechen, ist in unserer Gesellschaft immer noch weit verbreitet. Doch müssen wir in der heutigen Zeit das mystische Selbst auf seine wahre Bestimmung ausrichten, nämlich auf den geistigen Ursprung des mystischen Wissens und auf dessen tiefere Bestimmung.

Unwissenheit war immer der Ursprung des Bösen. Doch das Böse ist eigentlich Unkenntnis der höheren Kräfte, im Gegensatz zur menschlichen Angst vor den niedrigeren Kräften. Der Konflikt zwischen gut und böse, zwischen hoch und niedrig, wird die Menschheit noch so lange verwirren, bis sie fähig ist, die seelische Lebensphilosophie und Urteilskraft zu entwickeln, bis sie fähig ist, zwischen dem äusseren und dem inneren Selbst zu unterscheiden. Der Weg des wahren Seelen-Mystikers ist ein Weg von gewaltiger Kraft – Medialität, Okkultismus und andere niedrige Formen von Phänomenen des Denkens und Handelns wirken bleich und unbedeutend neben den machtvollen Kräften, die ein geistiger Mystiker ausstrahlt. Alle unsere Hauptreligionen, zum Beispiel das Christentum oder der Buddhismus, gründen auf dieser gewaltigen Lichtkraft, durch die ein Mystiker befähigt ist, einen Lebensweg aufzuzeigen, der jahrhundertelang gültig bleibt – weit über sein Lebensende hinaus.

Heute geschieht dasselbe mit dem modernen Zugang zum Mystizismus, zur geheimen Lehre. Doch während die geistigen Schulen in der Vergangenheit auch physisch geheim waren, um die Suchenden vor Verfolgung durch die Unwissenden zu schützen, muss der moderne Mystiker auf den Marktplatz gehen – dies ohne Angst, ausgelacht oder kritisiert zu werden, sondern kraftvoll verankert in seinem tiefen Bewusstseinszentrum, mit dem er kommunizieren kann. Du, lieber Leser, denkst vielleicht, du seist kein Mystiker. Doch ich versichere dir, dass du einer bist, weil du auf der Suche bist – auf der Suche nach etwas, das grösser ist als du selbst. Wir alle brauchen esoterische Lehren, denn sie bringen das geistige Bewusstseinszentrum ins zeitliche Blickfeld und ins menschliche Leben.

Auf den ersten Blick ist es schwierig, zwischen mystischer und medialer Wahrnehmung zu unterscheiden. Doch der Unterschied liegt in der Frequenz der Schwingung und in der Absicht, liegt darin, dass die geistige Kommunikation über die Grenzen der materiellen und psychischen Dimensionen hinaus reicht und aktiv über die Seelenkraft mit den Lichtwelten in Verbindung ist, während die psychisch-mediale Kommunikation nur das erreicht, was wir als Schattenwelt bezeichnen, als Welt der Spiegelungen, die keineswegs die wahre Welt der Seele ist. Daraus resultiert, dass sich die niedrigen Kräfte sehr schnell verzetteln und erschöpfen, während die mystische Quelle der Kraft und der Einsicht unerschöpflich ist und eine gewaltige Menge an Vitalität mit sich bringt. Sie ist eine nie endende Kraftquelle, von der jeder Einzelne nicht nur für sein eigenes Leben schöpfen kann, sondern durch die er auch eine deutlich spürbare Atmosphäre um sich herum erstellt, die mit dem Unbewussten der Menschen, denen er begegnet, kommuniziert. Dadurch entsteht ein wohltuender Einfluss jenseits ihrer bewussten Wahrnehmung. Der eigentliche Ansporn des inneren Bewusstseins oder das Zentrum des Wissens besteht aus dem inneren Lichtkern in jedem Menschen. Unabhängig davon, ob jemand atheistisch und somit gegen Gott oder gegen eine Religion ausgerichtet ist, sie alle tragen in sich diesen Lichtkern und somit eine Sehnsucht nach Wissen – eine Eigenschaft, von der niemand frei ist. Sogar Wahrsagerei und andere Formen niedrigerer Kommunikation üben auch heute noch eine starke Anziehungskraft aus. Ob Intellektueller oder Nicht-Intellektueller, immer besteht diese spezielle Neugier nach dem Morgen, nach dem Schicksal, nach der Zukunft. Hier liegt vielleicht der Schlüssel, liegt die Hoffnung, dass diese niedrigere Form des Aberglaubens, der Prophetie oder der Wahrsagerei ein Versprechen enthält, dass die mystische Wahrheit der Menschheit nicht völlig verschlossen ist und dass sie auf verschiedenen Schwingungsebenen bestimmte Kommunikationsmöglichkeiten hat. Alles muss irgendwo beginnen!

Jeder von uns hat einen sogenannten Selbst-Trainer. Dieser leitet die innere Arbeit unseres Selbst an, die Arbeit an unserem Charakter und unserer Persönlichkeit. Sie beinhaltet Selbst-Enthüllung und Selbst-Betrachtung sowie die Entfaltung der Denkkraft, durch deren Ströme der Geist die innere Kraft erhöhen kann. So entsteht im Gehirn ein Kraftzentrum, durch das wir in unserem persönlichen Leben kreieren können. Manchmal fühlen wir uns allein gelassen, nämlich dann, wenn scheinbar nichts geschieht. Doch sind Perioden der Nicht-Aktivität vielleicht der stärkste Teil des Wachstums, während die aktiven Perioden Zeiten von weniger Wachstum, von weniger geistiger Wirkung sein können. Dies führt zum Wissen, dass wir durch Nicht-Handeln wirken können, dass wir Kraft ausdrücken können durch Nicht-Denken und dabei grenzenlose Kraft verströmen, durch die andere Menschen die innere Quelle anzapfen können. Aber auch unsere Vitalität, ohne dass sie dabei unsere physische Kraft anzapfen. Dies reicht über das hinaus, was wir Körper-Phänomene nennen; dies sind Verstand-Geist-Phänomene. Alle grundlegenden frühen mystischen Schulen hatten drei Quellen des Lehrens: Kontemplation, Nicht-Anhaften und Meditation. Jede dieser drei bildete einen Kraft-Pfad ins Innere. Doch der moderne Mystiker heute kann sich nicht zufrieden geben mit nur einem Pfad: Jeder muss zum universellen All-Pfad-Diener werden. Dies bedeutet, dass wir nicht im Geheimen wirken oder uns verstecken, sondern dass wir offen in der Aussenwelt arbeiten und dabei unsere Kraft des Nicht-Anhaftens nutzen, um All-eingebunden zu sein, um zu kontemplieren, zu meditieren und gleichzeitig im aktiven Welt-Dienst zu stehen.

Auf den ersten Blick scheint dies viel verlangt für einen Menschen in nur einem einzigen Leben. Doch es gilt sich daran zu erinnern, dass geistige Kraft nichts mit dem physischen Körper zu tun hat. Diese zeigt sich auf einer anderen Ebene, fliesst aus der nie versiegenden Quelle des Lebens, nutzbar im eigenen Bewusstsein. Im Bewusstsein ist im menschlichen Leben das Zentrum zu finden, hier ist das Kraftreservoir, und hier ist der Sitz des spirituellen Lernens.

Wir müssen nun das Gefühl von Nichtgenügen loslassen, sowohl aussen wie innen, und erkennen, dass es nur eine Kraft zum Leben gibt und dass diese im inneren Bewusstseinszentrum des Selbst zu finden ist. Dies war der Hauptbestandteil jeder mystischen Schulung: den Jünger selbst-tragend, unabhängig und kraft-erzeugend zu machen, ihn zu einem Zentrum von Inspiration und Vision und Offenbarung zu machen, wobei er keineswegs körperlich aktiv zu sein brauchte.

Man kann natürlich nicht erwarten, wahre mystische Kräfte zu entwickeln, ohne sich an bestimmte Vorgaben anzupassen. Das erste, was man bei allem mystischen Wissen beachten sollte, ist: je grösser die Kraft, desto weniger sollte man sie anwenden. Dies tönt wie ein Widerspruch, ist es aber nicht. Viele stellen sich diese Kraft als eine Form von Aktivität vor, eine Form von Vitalität. Doch braucht mystische Kraft nicht willentlich ausgedrückt zu werden, sie muss einfach im Da-Sein gelebt werden!

Das wurde mir vor vielen Jahren klar, als eine hochintelligente Berufsfrau zu mir kam, die durch einen Unfall die Finger ihrer rechten Hand verletzt hatte. Die Angelegenheit war ernst, denn ihre Finger waren unerlässlich für ihre berufliche Tätigkeit. Sie streckte die Hand vor sich aus und sagte: «Bitte schauen Sie das an. Das ist alles, worum ich Sie bitte – schauen Sie es einfach an ... Jetzt habe ich es Ihnen gezeigt. Vielen Dank. Auf Wiedersehen.» Das Ganze schien mir recht merkwürdig; doch später traf ich einen Freund von ihr, der mir mitteilte, welch bemerkenswerter Akt des Glaubens ihrerseits das gewesen sei und dass ihre Hand eine Stunde nach dem Zeigen wieder vollumfänglich funktioniert hatte. Die Frau hatte dies erwartet, sie wusste, es würde geschehen – und es geschah!

Jemandes Glaube war also stärker als mein eigener! Wenn wir die mystische Seite der Christus-Initiation betrachten, sehen wir, dass solche Bitten an den Mystiker für eine besondere Hilfe, sei es durch ein Wort, durch einen Gedanken oder ein Gebet, eine bemerkenswerte Kraft beinhalten, eine Kraft, die Transformation, Wandlung, Offenbarung und Vollkommenheit bewirkt.

Oft haben Kinder die Fähigkeit zu erkennen, welche Menschen ihnen helfen können. Eine Quelle grossen Glücks lag für unser White Lodge Centre Team in den frühen Tagen der Erforschung spastischer Lähmungen darin, wie schnell Kinder etwas, das über sie selbst hinausging, erkennen konnten. Oft kamen sie ohne jede Angst, nahmen meine Hand und legten sie auf den Teil ihres Kopfes oder ihres Körpers, der schmerzte. Viele dieser kleinen Menschlein konnten nicht sprechen, und doch waren sie fähig, in ihrer ganzen Einfachheit «etwas» wahrzunehmen, im aurischen Feld oder im Hintergrund eines Menschen, eine Kraft und eine Macht, die transformieren konnte. Dies ist nicht eigentliches spirituelles Heilen, dies ist eine andere Form mystischer Offenbarung oder Wandlung, ist die Kraft der Transformation. Wir dürfen nicht erwarten, dass wir Wasser in Wein verwandeln können, doch diese Transformationskraft ist ein natürlicher Teil des Lebens. Sie ist dem wahren Mystiker eigen und sollte losgelöst von unseren Persönlichkeitsaspekten wirken.

Woher kommt diese mystische Kraft des Wissens? Von wo aus wird sie gespeist? Dafür gibt es bestimmte Ebenen im höheren, feinstofflichen Leben. Wir nennen sie Zustände, Dimensionen, Welten, Felder oder Bereiche. Nun ist es für einen Menschen offenbar möglich, seinen Bewusstseinszustand so zu erhöhen, dass er ihn über die Schranken der alltäglichen Dimension erweitern kann. Dadurch kann er sich einstimmen auf das Kraftzentrum der höheren Lebensebenen, was eine beachtliche Menge an Wissen und Kraft in seine innere Quelle einspeisen wird. Diese verstärkt oder unterstützt die gewöhnliche einfache Quelle von Bewusstsein, die uns allen eigen ist.

Es gibt hohe Wesen, die für die kreativen Evolutionsmuster verantwortlich sind. Sie sind ständig daran, die sensitiven Menschen zu suchen, die die Fähigkeit nutzen können, sich in höhere Bereiche auszudehnen und zu einer Art Einstimmung zu gelangen, die eine Verbindung erstellen können – eine Verbindung zwischen den höheren Bewusstseinsmustern der Wissenskraft und den menschlichen Bedürfnissen und Nöten in der Polarität. Es ist dann ihre Aufgabe, diese sich entfaltenden universellen Prozesse und Muster der niedriger schwingenden Menschenfamilie zugänglich zu machen, um sie zu ermutigen, zu nähren und zu unterstützen.

Diese höheren Wesen von den höheren Ebenen hüten das Geheimnis der mystischen Kraft. Dank der Aufnahme dieser Kräfte durch sensitive Menschen kann die Kraftlinie des Wissens in die Menschheit fliessen. Unsere Präsenz, unsere Persönlichkeit und unser inneres Bewusstsein sowie die Eigenarbeit machen es möglich, jenseits der normalen Stufe von Schmerz und anderen Ungleichgewichten zu kommunizieren und uns in diese Kraft- und Wissensfelder der Transformation auszudehnen. Wenn einmal das Kraftzentrum in dir selbst errichtet ist, wenn du einmal Teil einer bestimmten inneren Schule geworden bist, ist es dir nicht mehr erlaubt, diese wieder zu verlassen. Gleichzeitig stehen wir im menschlichen Leben vor enormen Anforderungen, die besagen, dass wir diese Kraft in weisen Handlungen gebrauchen sollten, in barmherzigen Werken, mit Unterscheidungsvermögen und Liebe. Darin besteht zu Beginn wohl eine der grössten Prüfungen: geduldig sein, lernen «Nein» zu sagen und sich nicht in Situationen hineinziehen lassen, auf die sich die Engel nicht einlassen. Sonst führt dies zu Enttäuschung und Anhaftung und nicht zu Weisheit durch Nicht-Handeln.

Die nächste Stufe des mystischen Wissens ist die Erkenntnis, dass dieses auch Teil des Kreuzes der Schöpfung ist. Wenn wir das Symbol des Kreuzes als Schöpfung betrachten, als Symbol des Weltendienstes, dann sehen wir, dass wir in unser Denken und Wissen, unser Schreiben und Sprechen einen Kraftfluss von Nahrung hineinziehen können, um andere Menschen zu nähren – dies in einem Umfang, den wir niemals aus eigener Kraft erstellen könnten. Es kann geschehen beim Schreiben von Briefen, beim Telefonieren,

42

in der natürlichen Kommunikation zwischen Nachbarn. Das Leben selbst ist im Zustand ständiger Kommunikation. Wenn wir erkennen, dass dies ein stetiger Zustand der Wirklichkeit ist, wird uns klar, dass wir niemals «ausser Dienst» sind – wir sind immer eingestimmt auf die höhere Bewusstseinskraft. Tag und Nacht können Menschen deinen Namen rufen, sie können deine Gebete nutzen, deine Gedanken, deine Fürsorge. Und genau daraus – obwohl du nichts davon weisst – beginnen Resultate zu fliessen, indem der Hunger des Menschen gestillt wird. So bist du als Quelle bewusster Offenbarung eingesetzt.

Darauf bezieht sich auch die Bibel, wo es heisst: «Jene, die Meinen Namen rufen.» Oft brauchen wir eine menschliche Manifestation von Gott, wir brauchen einen Vertreter aus Fleisch und Blut, jemanden, den wir sehen und mit dem wir sprechen können, der Wärme ausstrahlt und uns nahe ist, nicht weit weg auf einem unsichtbaren Thron. Jemanden, der weiss, was Leiden heisst, der denselben irdischen Kräften ausgesetzt ist, denselben Erfahrungen und Enttäuschungen, dessen Herz gebrochen wurde, dessen Mut geprüft wurde. In anderen Worten, jemanden, der wirklich durch gleiche Erfahrungen gegangen ist und sie durchlebt hat, genauso wie die Hilfe suchenden Menschen. Dies ist der Mystiker im Dienst; er darf kein privilegiertes Leben erwarten. Wenn überhaupt, dann fordert ihn sein Leben mehr heraus, es prüft ihn härter und verlangt mehr Mut als üblich. Das ist nicht eine Art Bestrafung, es geht lediglich um die Fähigkeit, eine mystische Kommunikation auf allen Ebenen zu erstellen, auch dort, wo Hunger und Not am grössten sind. Hier geschieht es, dass das tiefinnere Herzzentrum auf das höhere Bewusstseinszentrum antwortet; und dieser Zustand der Offenbarung ist stetig am Wirken.

Auf der nächsten Stufe des mystischen Wissens geht es darum, den Glauben an Zufall, an Unglück, Missgeschick oder ungünstiges Schicksal zu beseitigen. Um dies zu verstehen, müssen wir eine neue Beziehung zum grossen Architekten des Universums eingehen; wir müssen aufhören, Bettler zu sein, Ungläubige im Geiste. Wenn wir Gott wirklich die Macht geben und Vertrauen und Glauben haben, dann wird es funktionieren. Doch wie überall, wenn du weder Glauben noch Vertrauen in etwas hast, dann wird es natürlich nicht funktionieren und du verschwendest nur all das Gute, das in deinem Gedanken oder in deiner Handlung liegt.

Das Universum ist das grossartige, mächtige All, und wir handeln in seinem Feld der positiven Wirklichkeit: Da gibt es keinen Raum für Zweifel oder Aberglauben, keinen Raum für einen Mangel an Grundlagenwissen oder dessen Verankerung. Darin liegt die eigentliche Kraft des Mystikers: Sein vollständiges und absolutes Wissen, dass Gotteskraft, göttliches Leben und Gottesgedanken die eine Macht sind, welche das Universum bewegt. Dies bedeutet, dass wir Teil der Kraft sind, die das Universum lenkt. Wir gehören nun zu ihrem System, wir wirken unter dem Kreuz der Schöpfung auf Erden und werden zu einem wichtigen Teil ihrer Blaupause, ihres Musters. Wir sind Teil der Nahrung des Hungrigen, des Schwachen, des Ängstlichen, des Kranken, des Verlorenen und spiegeln ihnen ihre eigene innere Kraft. Wenn ihre Not am grössten ist, findest du zu deiner grössten Kraft und verströmst sie. Denn nicht du tust die Arbeit, sondern sie geschieht durch dieses liebevolle, mystische Netz, das über die Grenzen von Raum und Zeit hinaus zur grossen Quelle des zentralen Bewusstseins reicht, zur wahren Kraft, zur führenden Kraft, die das Universum selbst lenkt. So hoch hinauf können wir uns als menschliche Wesen aufschwingen! Wir können nicht alle Mysterien verstehen, alle Gesetze, Symbole und Zeichen, die zu ihrer Sprache gehören; doch in ihrer reinen, natürlichen Einfachheit kann diese Kraft das Bewusstsein jedes Individuums so weit erhöhen, dass Glück entsteht. Das ganze Glück zukünftiger Welten hängt von den individuellen

Bemühungen jedes einzelnen Mystikers und Weltendieners ab. Wir beginnen, den Raum um uns herum mit einem neuen Gefühl der Relativität wahrzunehmen. Wir empfinden ihn nicht mehr als Vakuum, sind nicht mehr im Zweifel oder in Ungewissheit oder Angst, wir fürchten weder das Leben noch den Tod. Wir haben einfach ein Gefühl von «es komme, was kommen will» und sind in einem Zustand von mystischer Kraft «zur richtigen Zeit am richtigen Ort». Und genau dort werden wir meisterhaft eingesetzt.

Während wir auf unserem Pfad durch die verschiedenen Phasen weiterschreiten, können wir eine andere Form der Wirklichkeit erkennen. In dieser müssen wir bereit sein, von der niedrigsten bis zur höchsten Ebene zu wirken. Das heisst, dass wir bei jedem Menschen die Stufe seiner Entwicklung erkennen und sie als eine Stufe des Gebens sehen sollten. Wir müssen in Kommunikation treten mit dem geringsten Gebet, dem geringsten Bedürfnis, mit dem Unaussprechlichen, dem Ungesuchten, dem Unbekannten, sogar mit denen, die unrein sind. Wir müssen fähig sein, auf dem Pfad der Wirklichkeit von Lebenskraft und Liebe zu wandeln, das Höchste zu erreichen, das Niedrigste zu berühren, in all diesen Dingen zu sein, jedoch nicht ihnen anzugehören. Dies ist die Kraft des Nicht-Anhaftens. Die wohl schwierigste Schulung, die der Mystiker durchlaufen muss, ist das Nicht-Anhaften an die Dinge, während er sich gleichzeitig mit ihnen befasst und involviert ist. Wie geht denn das, gleichzeitig involviert und doch losgelöst zu sein? Dies ist ebenfalls Teil der Schulung, der Disziplin und der Meditation. Es gilt, nicht über die Sünden, die Krankheiten, die Schmerzen und Leiden der Welt zu meditieren, sondern sich selbst ins höhere Bewusstsein auszudehnen. Dass wir von dort aus einen kraftvollen Fluss mitbringen, der die Depressionen, die Ängste, die spirituellen und physischen Suizide, der diese niedrig schwingenden Zustände der Verfolgten und Verängstigten reinigt und beseitigt.

In der Fähigkeit, diesen Fluss der Kraft in jede Umgebung zu bringen, liegt die Macht des Mystikers. Sei es auf dem Gipfel eines Berges sitzend oder in einer Dachkammer eines Slums, die Kraft dieser Menschen ist stetig eingestimmt auf die grosse zentrale Kraftquelle und transformiert die Umgebung und schliesslich die ganze Welt.

Transformation und Offenbarung gehören zum Leben eines Mystikers, widerfahren aber anderen Menschen häufiger als ihm selbst! Dazu muss er ein gewisses Mass an Tapferkeit für die Ereignisse aufbringen, die in den Leben anderer Leute und nicht in seinem eigenen geschehen. Alle diese Kräfte – Krankheit zu transformieren, Körper zu reinigen, Psychen zu helfen, Gleichgewicht wieder herzustellen, gesunden Menschenverstand und intellektuelles Verstehen sowie spirituelle Wahrheiten zu lehren – scheinen nur für andere Menschen zu funktionieren. Man könnte meinen, die Fähigkeit, all diese Dinge zu vollbringen, mache einen Mystiker ziemlich einzigartig, doch in den meisten Fällen trifft dies nicht zu! Oft funktionieren diese Menschen nur als Sprachrohr, als Kanal, als Instrument des Ausdrucks einer feineren, mehr ätherischen Kraft. Wenn wir denken, wir erhalten dafür ein besonderes Stück des himmlischen Kuchens als Belohnung, dann vergessen wir es lieber gleich von Anfang an, denn der Kuchen ist nicht für uns! Wir dürfen nicht die Nahrung essen, die für andere bestimmt ist, noch an ihrem Wein teilhaben oder die ihnen gewährten Gaben für uns beanspruchen. Ich kannte einst eine grosse Seele, die den Sterbeprozess mit viel Leiden und Schmerzen durchlebte. Und ich sagte zu ihm in den Tagen, bevor er ging: «Dies ist eine ziemlich seltsame Art zu gehen, diese Intensivierung von Schmerz und Leiden, die du erlebst.» Und er sagte: «Sag nicht, dies sei ein schlechter Lohn für das faszinierende, interessante und liebevolle Leben, das ich führte. Dies ist eine Lehre, die ich verdiene. Heimlich, tief in meinem Herzen, habe ich Leute beneidet, die mit dem gesegnet waren, was ich in Bewegung gesetzt hatte, während ich nie auch nur einen Hauch davon selbst geniessen konnte.» Ich nehme an, er glaubte, sein Leiden sei eine Art Sühne, doch vielleicht ist es dasselbe wie ein Streben nach Lob oder Belohnung. Solange wir keinen Lohn erwarten und nicht auf Lob aus sind und es auch nicht in irgendeiner Form verlangen, sind wir recht sicher. Doch sobald wir uns nach aussen auf den Marktplatz begeben und spezielle Privilegien und Konzessionen beanspruchen – sei es von Gott oder von der Quelle des Kraftstroms des Bewusstseins, sei es von unseren Mitmenschen –, beginnt unsere mystische Kraft abzunehmen. Hier liegt das grosse Geheimnis des Nicht-Anhaftens: Es gibt uns Sicherheit, es hält uns davon ab, in den Girlanden der Besitztümer gefangen zu werden, der falschen Loyalitäten und des Irrtums. Es schützt uns vor uns selbst trotz uns selbst!

Auf den vielen Stufen zur mystischen Kraft öffnet sich das Arbeitsfeld immer mehr. Betrachte die neuen Offenbarungen genau! Sie mögen vielleicht andere Wege öffnen und zeigen, dass diese eine konkrete Form von Fortschritt bringen, eine fundierte Möglichkeit des Lebens, eine neue Stufe von Vitalität. Dies sind Wege, die auf die Persönlichkeit anziehend wirken können. Doch hier liegt auch eine Warnung: Lass dich von keinem dieser Wege hineinziehen, sondern betrachte sie, visualisierte sie als Kanäle, als Möglichkeiten, durch die Offenbarungskräfte in die irdische Dimension fliessen können, in das physische Leben dieses Planeten. Beachte dabei, dass das, was gebraucht wird, in Gottes Händen belassen werden muss. Versuche nicht, selbst zu entscheiden, worin dein besonderes Geben besteht, dein besonderes Tun oder dein besonderer Dienst. Dies verlangt Geduld, denn wir alle sehen gerne Resultate, wir alle möchten das Gefühl bekommen, etwas zu erreichen. Ich versichere dir, du wirst an viele Orte gelangen, sogar wenn du scheinbar nirgendwohin gelangst – und wenn du glaubst, irgendwohin zu gelangen, handelt es sich vielleicht nur um ein zeitliches Weiterschreiten. Die wahre Arbeit findet auf den unsichtbaren Ebenen jenseits der Zeit statt, nicht auf den sichtbaren. Die Ebene, wo wir hoffen, ein Zeichen oder Wunder des Himmels zu sehen, einen Schimmer von Veränderung, die unseren Glauben transformieren und uns ein bisschen Wärme geben könnte in unserer kalten und undankbaren Welt, diese Ebene des Hoffens ist nicht von Belang, denn solche Dinge sind unwichtig. Es ist die lebendige Vitalität, es ist der wahre Mensch, der du bist, es ist der Mystiker auf dem Berg, der das Tal nährt, es ist der namenlose, ruhmlose, unbekannte Mystiker in der Dachkammer, der den Hunger stillt. Es sind nicht die grossen Namen und die wohlklingenden Lehren in Geheimgesellschaften, Bruderschaften und inneren Kreisen, wo du den wahren Mystiker findest. Denn diese Organisationen haben keine wahre Kraft, sie sind nur eine schillernde Imitation der Realität direkten Bewusstseins. Die Tage des verborgenen Mystikers sind vorüber, die Tage des sichtbaren Lichtarbeiters sind angebrochen, und einige der Problemfelder, in die hinein wir nun gerufen werden, um zu dienen, werden uns nicht gefallen. Doch hier müssen wir uns daran erinnern, dass Vorlieben und Abneigungen sowie unser eigener Wille nur Störfaktoren sind; sie hindern uns daran zu erkennen, was Gott von uns will. Die Antwort liegt im Nicht-Anhaften.

Ich arbeitete eine Zeitlang in einer Gruppe der Heilsarmee in einem sehr armen Slum im Norden, wo ich einfach Menschen badete. Merkwürdigerweise konnten wir sie nur freitags und samstags baden, da dies die beiden einzigen Abende waren, an denen man überhaupt zu baden pflegte. Es war nicht möglich, ihnen beizubringen, dass sie auch an Montagen, Dienstagen oder Mittwochen baden könnten. An diesen Tagen schlossen wir einfach das Waschhaus, da wir nicht arbeiten konnten. Sie kamen und standen draussen in ihren stinkenden Kleidern, völlig auf den Felgen; einige von ihnen, die man schon lange aufgegeben hatte, kamen nur nachts heraus und zeigten sich niemals am Tag. Wir hatten grosse Tröge und Becken, in die wir all diese stinkenden Menschenkörper steckten, um sie mit gutem Karbol zu reinigen und dann in die Welt zurück zu schicken. du denkst wohl: Was für eine Art von Dienst ist das? Ich habe diese kurze Zeitspanne, in der ich Menschen so zu helfen versuchte, oft als eine Einweihung angeschaut. Denn sogar in diesem Zustand von Schmutz und völliger Verzweiflung lag ein gewaltiger Mut. Da war kein Selbstmitleid, sondern ein wunderbarer, unabhängiger Stolz. Verkleidet in den Schmutz, den Dreck, in all das Ungewaschene lag eine Stärke, die uns tiefen Respekt empfinden liess. Nicht in den weissgetünchten Palästen, den Kirchen, den Kathedralen oder an den heiligen Plätzen wird der Mystiker zum Dienst gerufen, sondern auf dem Marktplatz, auf der Strasse, in der Gasse, im Heim, bei den Notleidenden, die man manchmal auch an Orten voller Reichtum und Überfluss trifft, denn äusserer Reichtum schützt nicht vor innerer Armut und innerer Angst. Äusserer Reichtum löst nicht das Problem eines verängstigten, verlorenen, elenden, unglücklichen und suizid-gefährdeten Menschen. Eigentlich findet man solche Probleme weit häufiger an Orten voller Reichtum als an Orten des Mangels.

Wenn du in diese Bereiche gerufen wirst, geh bitte nicht hin mit der Überzeugung, dass du Gutes tust oder einen besonderen Dienst leistest. Erkenne, dass es viele Grade der Einweihung gibt und wir müssen sie voller Vertrauen und guten Mutes annehmen. Wir dürfen nicht heikel und wählerisch sein und nicht versuchen, Gott unsere eigenen Bedingungen zu stellen. Dies ist das Kraftzentrum, durch das du geprüft wirst, das Mittel, durch das du auf die Probe gestellt wirst. Wenn du diese Phasen der Prüfungen und Tests durchstehst, musst du dich nicht sorgen, denn dein Licht wird leuchten lange nachdem du diese irdische Bühne verlassen hast. Dies sind die modernen Schulen der Mystiker, mitten in den Städten mit ihren Lichtern, wo sie als verantwortungsvolle Menschen anerkannt sind. Vor 100 Jahren wären wir gesteinigt oder auf dem Scheiterhaufen verbrannt worden, wären ins Wasser geworfen, aus unseren Jobs gefeuert und verfolgt worden, wenn wir nur in diese Richtung gedacht hätten. Doch in 100 Jahren haben wir eine Beschleunigung der Offenbarungen erlebt, die früher fünf Jahrhunderte gebraucht hätten. Daher ist es mehr als richtig, dass der moderne Mystiker neu gestaltet und gekleidet, modernisiert und auf neue Art geprüft wird. Hinaus aus den Höhlen und den Dachkammern, weg mit den langen Bärten und den wehenden Roben, weg aus den heissen Wüsten und herunter von den Bergspitzen! Der heutige Mystiker ist ein Stadtbewohner, jemand, der zur Arbeit geht, der die Belastungen der modernen Zeit aushält, der die Spannungen des Alltags mit gutem Humor nimmt, sogar mit Dankbarkeit, und mit innerer Sehnsucht und Anteilnahme. Dies ist der Lichtarbeiter der Neuen Zeit und dies ist das Vorbild für die Jugend.

Wenn du meditierst, erkenne, dass folgende drei Stufen zu einer kombiniert werden müssen: die Versenkung in Gott, Kontemplation und Meditation, welche eine Einstimmung auf Gottes Willen sind, sowie der Dienst des Gebens und Tuns, der ein Dienst Gottes durch menschliche Wesen ist, durch die Bedürftigkeit und den Hunger unserer Mitmenschen. Dies ist das Mysterium ohne irgendeine Form von Verhüllung. Es ist die völlige Preisgabe, ist das Gesehenwerden des neuen Weltendieners, der hinaustritt, weg von einem alttestamentarischen Bild hinein in die moderne Stadt mit Wolkenkratzern und Blue Jeans.

4
Geburt und Übergang der Seelen

Untersuchen wir bewusst das Wachstum, durch das die seelische Evolution auf Erden ihre Bestimmung und ihre Ziele erreicht, dann begegnen wir einem stetig zunehmenden Druck auf die verschiedenen Lebensströme. Dieser Druck führt zu einer Beschleunigung, zu einer vermehrten inneren Dringlichkeit, zu einer neuen Form der Empfänglichkeit. Dadurch erhöht sich ebenso der Druck der materiellen Wissenschaften, die dann wiederum von aussen Druck auf die Psyche und den Körper ausüben, die einem Menschen als Ausdrucksmittel dienen.

Für Nichtwissende herrscht in der Zeit ein ständiger Kriegszustand zwischen dem Sichtbaren und dem Unsichtbaren. Dies äussert sich auch in verschiedenen Krankheiten und psychologischen Störungen. Durch die Unfähigkeit, mit diesem Konflikt umzugehen, sind die Menschen den materiellen Kräften ausgeliefert und nehmen die Unterstützung von feinstofflichen Kräften nicht an. Die Menschheit ist aber auf höhere Kräfte angewiesen, um im Strom der niedrigeren Kräfte ihr volles Potential ausschöpfen zu können. Ohne ihren natürlichen feinstofflichen Schutz und ohne diese natürliche Kraft kann sie nicht voranschreiten. In diesem Zustand des Konflikts liegt die grösste Herausforderung für die Seele, die sie freudig annimmt. Sie jubelt in einer Art spiritueller Spannung und findet Lösungsmuster, mit denen sie ihre Lebenskraft durch die Begrenzungen des materiellen Widerstands navigieren kann.

Das höhere Denkvermögen ruht völlig in der Kraft der Seele. Die verschiedenen Elemente, die Informationen sammeln, sind nur

Aufnahme-Instrumente (ähnlich einem technischen Aufnahmegerät wie z.B. einem Kassettenrecorder), durch die Signale von Impulsen, Instinkten und intuitiven Wahrnehmungen, die durch die höheren Körper einströmen, übermittelt werden. Daher dient der physische Körper lediglich der Kommunikation. Er erhält Instruktionen, Informationen, Wissen und Führung von der über dem rationalen Denken liegenden Ebene. Das rationale Denken selbst ist der Teil der Seele, der sich in die physische Form projiziert. Zum besseren Verständnis betrachten wir die Vorgänge von Geburt und Tod. Hier erkennen wir, dass das Denkvermögen bei der Geburt ins neue Körpergefährt einfliessen darf. Dies geschieht nicht nur bei der Geburt eines Kindes, sondern auch bei der «Wieder-Geburt» nach einem «Tod» während eines Transformationsprozesses, wo die seelischen Denkkräfte zum Teil zurückgezogen werden. Es ist die Erinnerungskraft der Seele, die die Lebensgeschichte speichert. Wir leben seelisch im höheren Denkvermögen der grossen Ozeane des Universums. Jeder Ozean enthält seine eigenen Lehrfächer, seine Teachings und kreativen Kräfte. Daher muss die Seele darauf ausgerichtet sein, gleichzeitig in vielen Dimensionen zu wirken. Sie sollte fähig sein, die höchsten uns bekannten Ebenen sowie gleichzeitig die niedrigeren Bereiche zu erreichen und kontinuierlich in einer ausgewogenen und harmonischen Art und Weise zu wirken, zu leben und auszutauschen. Dies ist das Ziel.

Dies bringt uns auf eine neue Idee: dass nämlich Gesundheit und Krankheit, dass Geisteskrankheiten, ja eigentlich alle körperlichen Ungleichgewichte von der Unfähigkeit der Seele, sich auszudehnen, kommen. Von einer mangelnden feinstofflichen Elastizität, wenn es darum geht, hohe Dimensionen zu erreichen und gleichzeitig sicher, bequem und beschützt in den niedrigeren Dimensionen zu leben. Dies hilft uns zu verstehen, warum die Beziehung zwischen dem Denkvermögen und der Seele Teil des karmischen Gedächtnisses ist. Hier zeigt sich die Blaupause vergangener Erfahrungen, da jedes Leben ohne Unterbruch ins nächste fliesst. Dies mit einer Beständigkeit und einer Zielgerichtetheit, mit der es über verschiedene Wege in verschiedene planetare Körper eintritt, um vorbereitet und geschult zu werden. So verstehen wir auch, dass die Seele das ist, was wir einen Pfadfinder nennen. Sie ist auf einen Pfad gerufen worden und bereitet diesen vor für den Geist. Denn der Geist braucht die Seele. Sie ist der Pfad, sie ist der Plan und ihre Fähigkeiten, sich in einen Körper zu projizieren und durch ihn auszudrücken, ermöglichen es dem Geist, in das universelle Bewusstsein und die planetare Inkarnation einzutreten. Dies durch die Vermittlung und die Kommunikation der Seele. Wir erkennen nun, dass es sich um eine dreifache Kommunikation handelt, da wir uns mit drei weiten Ebenen befassen. Doch gleichzeitig sind die Höhe und die Tiefe miteinander verwoben, was uns erklärt, warum wir im einen Moment ein Heiliger und im anderen ein irdischer Sünder sein können! Es geht um diese Fähigkeit der Seele, sich zu erheben und wieder zu fallen und sich in die verschiedensten Erfahrungen auszudehnen, um deren Essenz geistig «rückzumelden».

Die Seele ist zudem fähig, Körper zu erschaffen. Eigentlich bezeichnen wir Körper als Gewänder. Der Geist wird eingekleidet in die verschiedenen Körpergewänder, welche die Seele manifestiert. Wir haben unzählige Körper benutzt und wir werden noch unzählige Körper benutzen. So wie wir viele Kleider benötigt und abgenutzt haben, so verbrauchen wir auch viele von der seelischen und der irdischen Natur gegebene Körper. Wie geht das vor sich? Die Seele selbst projiziert sich in die verschiedenen Sphären und zieht die Essenz der jeweiligen Sphäre zu sich hin. Jedes Mal, wenn wir leben und sterben, fügen wir die Qualität unseres Lebens und alles, was wir erfahren haben, zur grossen Essenz hinzu und geben es in den grossen Pool der Kreativität. Wir können nur hoffen, dass wir durch die Qualität unseres Lebens einige der niedrigeren Atome, einige der niedrigeren Kräfte verfeinert haben. Und wenn wir unsere physischen Körper in den Pool der Natur zurückgeben und die Essenzen zurückgezogen werden ins Reservoir der Erde, dann fügen sie ihren Anteil hinzu zum Material für andere Körper und deren zukünftiges Leben. Dies ist genau gleich auf den höheren Ebenen der Seele und bei der höher entwickelten Lebenskraft. Wir müssen akzeptieren, dass wir als Seele auf einem Planeten nur das verwenden können, was als planetares System bezeichnet wird. Jeder Planet hat sein eigenes System, seine eigene Dichte, hat seine eigenen Kräfte und Naturgesetze, die von Planet zu Planet verschieden sind. Seelen manifestieren sich entsprechend dem Schwingungszustand des Planeten in seinem System. So ist eine Seele fähig, ihre Lebenskraft auch auf Erden zu manifestieren, indem sie aus diesem System und den verschiedenen Essenzen das zieht, was sie benötigt, aus den chemischen Stoffen, aus der Luft, aus dem Wasser. Sie zieht es in den kosmischen Magneten im Innern, in welchem die Körper empfangen werden. Die Empfängnis geschieht nicht nur durch den Zeugungsakt eines Vaters und einer Mutter auf Erden. Die wahre Empfängnis des Körpers geschieht in der Seelenkraft vor der physischen Geburt. Dadurch bildet ein Körper seine Form, seine Gestalt und sein Aussehen. Er bildet seine Vergangenheit nach, er bereitet die Voraussetzungen für die Zukunft und er legt den Urgrund für das Jetzt in der irdischen Zeit.

Je besser wir dies verstehen, desto mehr wissen wir auch Bescheid über Krankheit und körperliches Leiden. Es scheint ziemlich klar, dass ein Zusammenbruch des Systems des Körperaufbaus, der Körperwiederherstellung und seiner Instandhaltung keineswegs nur biologischer Natur ist. Es gehört zum Wirken der Seelenkraft, ein Erdenleben in harmonischem Gleichgewicht aufrechtzuerhalten. Wenn der Seelenaspekt, der sich in diese Inkarnation begibt, an Kraft verliert, dann ist die Bildung des benötigten Körpers weniger fein, weniger ausgereift und ineffizienter.

54

Die Fähigkeit der Seele, in anderen Dimensionen Körper zu kreieren und diese dann in niedrigeren Dimensionen zu manifestieren, ist im bekannten Bibelwort ausgedrückt: «In meines Vaters Haus gibt es viele Wohnungen.» Wenn wir Haus *(engl. mansion)* und Dimension *(englische Aussprache ähnlich wie mansion)* zusammenfügen, erhalten wir eine Vorstellung davon, was mit diesem Satz gemeint ist. Unsere Körper sind also nicht aus Erde gebildet, sondern sie kommen aus den planetaren Bedingungen oder Dimensionen jenseits der Erde. Dies gilt offenbar für alles, was auf dem Planeten Erde erschaffen wird. Der Unterschied zwischen Mensch und Tier besteht darin, dass der Mensch eine Seele hat und dass er über das Denken, durch das der Geist wirkt, aktiviert wird. Das Tier aber besteht nur aus einer pflanzlich-organischen Substanz und wird völlig durch seine Art und Zugehörigkeit zu seiner Seelengruppe bestimmt, ausserhalb welcher es niemals handeln kann. Doch das freie Denken eines Menschen, das eigentlich freier Geist ist, kann völlig ausserhalb der eigenen Gruppe wirken. Jeder Mensch hat seine eigene Dimension des Denkens, seinen eigenen freien Willen und die Fähigkeit, aus verschiedenen Zusammensetzungen neue Formen zu kreieren, seien es chemische Vorgänge, Nervensysteme oder Verdauungssysteme. Es ist offenbar möglich, diese körperlichen Systeme durch Seelenkraft, Seelenwissen und Seelenkenntnis zu kreieren und umzuwandeln.

Wir wissen, dass der physische Körper unter gewissen Umständen von Messern durchbohrt werden kann, ohne dass er Blut verliert oder Schmerzen leidet. Wir wissen, dass es für einen Körper möglich ist, in einen tiefen Trancezustand zu treten, so dass er weder Hitze noch Kälte spürt. Wir wissen, dass es verschiedene Mittel gibt, um den Körper vor Zerstörung zu bewahren, die eigentlich unter normalen Bedingungen unausweichlich wäre. Und wir beginnen zu erkennen, dass es sich hier nicht nur um alte Geschichten mystischer Fakire handelt, sondern dass es um etwas Kraftvolleres jenseits der Materie geht. Es handelt sich um eine Anweisung durch die Seele selbst – doch wie gibt die Seele Anweisungen? Dies ist ein interessanter Punkt, denn die dreifache Kommunikation von Körper, Seele und Geist, die uns lebendig hält und uns Reife, Intelligenz und die Möglichkeiten des Denkens, des Schlussfolgerns, des Problemlösens und des Entscheidens gibt, diese Kommunikation kommt nicht vom Denken, sondern das Denkvermögen wird nur als Transportmittel für die Information verwendet. Klettern wir im Bewusstsein höher und höher auf der Dimensionenleiter, so können wir erkennen, dass die ursprüngliche Form der Körper auf einer sehr hohen Ebene geschaffen wird. Und dass das, was wir auf der Erde sehen, eine armselige, oft sehr grobe Abbildung eines sehr feinen Geistes, einer sehr feinen Seele und eines sehr feinen Individuums ist. Wir sollten mehr über diese Kommunikation wissen und uns tiefer mit den Mysterien der Geburt des Lebens befassen. Dann können wir eine andere Art der Medizin entwickeln, andere Möglichkeiten der Chirurgie, andere Methoden der Behandlung von psychischen Erkrankungen. Vielleicht finden wir sogar eine Erklärung für Wunderheilungen. Wir haben die Macht, diese enorme, grossartige Macht der Transmutation, der Kreativität, wir haben die Fähigkeit, Zellstrukturen und Körpersysteme zu verändern und sie in ihre ursprünglichen feinstofflichen Lebensprogramme zurück zu bringen.

In uns wirkt eine geheimnisvolle, tiefe Seelenkraft von grosser Weisheit. Wenn wir in die Irre gehen oder gegen die Seele handeln oder wenn wir uns aus ihrem Einflussbereich entfernen, erfahren wir Disharmonie und Ungleichgewicht, die oft als Sünde bezeichnet werden. Doch diese so genannten Sünden haben nichts mit Moralvorstellungen zu tun, sie resultieren in Wirklichkeit aus dem Umgang mit höheren Gesetzen, mit einem umfassenderen Bewusstseinszustand, einem höheren Seinszustand. Je mehr die Sensitivität der Seelenkommunikation zunimmt, umso mehr erweitert sich das Bewusstsein. Dies gibt uns einen weiteren Hinweis darauf, was wir tun können bei gewissen körperlichen Leiden, die wir als «Krankheit infolge fehlender Vergebung» bezeichnen. Solche Krankheiten sind eingeschlossen in einer Art archetypischem Bild von Schuld. Und dieses Bild scheint eine Angst zu erschaffen, die schwierig zu vertreiben ist, weil die bewusste Seelenkommunikation fehlt.

Seelen können zurückgeführt werden zu ihrem ursprünglichen Geburtsmuster, zu ihrer ursprünglichen «Blaupause». Diese kann zurückgeholt und wieder ins Unterbewusste eingepflanzt werden, indem folgende Worte gesprochen werden: «Dies ist das Individuum, das du bist; so bist du ursprünglich gekommen; dies ist die wirkliche Persönlichkeit, der du treu sein solltest; dieses andere falsche Ding, das du als menschliche Persönlichkeit präsentierst, ist oft eine Illusion deiner Gedanken.»

Wir sprechen von Initiationen, doch hier können wir fast ein spirituelles Märchen beginnen, in dem wir ein Bild einer lange vergangenen Zeit wieder erwecken. Ich habe bereits früher gesagt, dass die Seele eine Projektion des Geistes ist. Dass sie den Weg markiert, den Weg bereitet – er wird «der Weg» genannt. Wir sprechen von ihm als «der Pfad».

Wir sollten verstehen, dass der Geist IST. Und es ist ein grosser Moment, wenn er beseelt wird in der Initiation der Sphären. Dazu wird der beseelte Geist an den heiligen Ort gebracht, wo dann durch Meditation, durch Belehrung, Anweisungen und die Fürsorge und Liebe der höheren Wesen die Seelenkraft langsam zum Ursprungsgeist hingezogen wird. Von der grossen Überseele des Universums bezieht die Seele ihr Grundmuster sowie das im Moment vorhandene Wissen. Ihr wird für ein menschliches Leben die Vergangenheit, die Gegenwart und das Potential der Zukunft gezeigt; und so nimmt die Existenz allmählich Form an. Eigentlich wird der Geist beseelt. Und in diesem Moment herrscht grosse Freude in den Himmeln, weil der Geist so beseelt weiterschreiten kann. Jetzt kann er ausgesandt werden, um sich mit der äusseren Welt zu verbinden, um dort dem äusseren Willen Gottes zu dienen. Zuvor diente er nur dem inneren Willen Gottes.

Dem Geist ist es nun erlaubt, sich langsam in die dichteren Ebenen hinunter zu begeben. Er ist immer noch unerfahren, ist immer noch rein, sein Licht ist stark und sein Auftrag ist noch unberührt. Während er langsam durch die verschiedenen Sternensysteme und Planeten hinuntergleitet – lange bevor er denjenigen erreicht, den wir als Erde kennen –, erwirbt er allmählich die Erfahrung des hinausprojizierten Lebens und der Dimensionen in diesen Systemen. So gewinnt er Schritt für Schritt Erfahrungen, Stabilität und tieferes Wissen über die Schöpfung in der äusseren Welt. Langsam kann er mehr und mehr in die dichte Materie eintauchen, und je feiner der Geist ist, desto grösser ist die Seele, desto dichter ist die Materie, in die er eintauchen kann. In anderen Worten, er kann in die grössten Tiefen der niedrigen Schöpfung eintauchen, in den äusseren Willen. Hier ist er fähig, seine grosse Kreativität zu nutzen, um den Zustand der niedrigen Kräfte zu erheben und um einen Weg zu bereiten, auf dem sie in eine andere Dimension, in einen höheren Bewusstseinszustand erhoben werden können. Dies ist Seelenarbeit in ihrer höchsten Form: Wo der Geist durch die Projektion der Seele hinuntersteigt in diese weiten, unentwickelten Gebiete, wo das primitive Atom noch Kontrolle ausübt, wo die Ordnung Gottes sich noch nicht durch die Erschaffung neuen Lebens gezeigt hat. Doch in der heutigen Zeit sind die Menschen sensitiver und bemerken, dass der Geist durch diese Spannungen und diesen Druck ermatten und dass die Seele müde werden kann. Das Denken verliert dann seinen Antrieb und es sieht so aus, als ob die Seele durch den Abstieg in die dichtere Materie beinahe

58

ihren Ursprung vergessen hat, ihre Geburt und woher sie kommt und wohin sie zu gehen hat. Wenn die inkarnierte Seele ihre Kommunikationsfähigkeit und ihre Sensitivität verliert, zeigt sich uns die totale Brutalität des physischen Lebens: Dieses übernimmt die Lebenskraft und verwendet sie sogar gegen den Willen des Geistes, gegen den Willen der Seele.

Auch grosse Seelen sind durch diese irdischen Bedingungen in ihren Versuchen und Prüfungen gefallen. Vielleicht muss dies so sein, vielleicht müssen Menschen fallen, damit sie lernen, den Weg hinaus zu finden. Das bedeutet, dass viele Leben in äusserer Dunkelheit zugebracht werden, herumtorkelnd in einem Zustand der Verlorenheit auf der Suche nach der wahren Individualität, nach der realen Bestimmung. Dies sind die Regionen der verlorenen Seelen, doch sie sind nicht für immer verloren, sie befinden sich in vorüber gehenden Inkarnationszuständen – einige von ihnen mit Absicht, andere wurden da hineinprojiziert, um mit verlorenen Seelen zu arbeiten. Dies erstreckt sich über die irdische Ebene hinaus bis hinunter in die niedrigen Astralebenen. In der Finsternis arbeiten oft grosse Seelen mit einer Seele, die sich in einem solchen Zustand der Qual befindet, dass sie alles Mitgefühl, alle Gnade und alle Hilfe und Heilung benötigt, die gegeben werden können.

Wir sehen auch solche, die wir junge Seelen nennen, in eine irdische Inkarnation eintreten. Und da sie sehr jung und unerfahren sind (auf Inkarnationen auf dem Planeten Erde bezogen), experimentieren sie. In einem aggressiven Gebrauch der Seelenkraft fordern sie die Fundamente der Gesellschaft heraus. Sie sind Rebellen, sind die Unzähmbaren, doch oft sind sie auch die Liebenswerten. Sie brauchen noch sehr viel Disziplin, um zu erkennen, dass sie viele Leben verbringen werden, bevor die Seele lernt zu navigieren, zu steuern, zu wachsen und inneren Reichtum zu erwerben. Zu diesem Zweck muss die Seele oft an dunklen Orten arbeiten und der spirituelle Aspekt des Heilens spielt dabei eine grosse Rolle, da solche Seelen nicht durch Medizin geheilt werden können. Ihnen kann nur durch die Heilkraft aus einer höheren Quelle geholfen werden, deren Fluss durch eine ältere Seele mitten im Chaos aufrechterhalten werden kann. Daher sind Orte der Meditation und des spirituellen Rückzugs notwendig. Orte, an denen die Seele sich selbst aufladen kann und wo sie sich mit ihrer ursprünglichen Blaupause, mit ihrem Seelenplan verbinden kann. Dies erklärt die Heilmethoden der heutigen Zeit, durch welche die Kräfte, die vom Weg abgekommen sind, wieder in den Höheren Plan eingebunden werden. Ohne diese Unterstützung hätte die Seele nicht genug Kraft, sich wieder auszurichten und erneut auf ihren Pfad zurückzufinden.

Die Wesen der höheren Ebenen, welche verbunden sind mit den Seelengruppen, die in die Materie der äusseren Welt hinabsteigen, geben einen Teil ihrer Identität auf, um mit diesen Seelen zu gehen. Diesen grossen Brüdern und Schwestern aus den höheren Welten, die mit den hinabsteigenden Seelengruppen arbeiten, verdanken wir viel. Wenn diese edlen Seelen nicht wären, die freiwillig über verlorene Seelen wachen, sie behüten, führen und sie erneuert und neu geboren zurückbringen zu den grossartigen Lichtkräften – wir wären wirklich verloren. Ihnen sollten wir uns immer in tief empfundenem Gebet und in innerer Kommunikation zuwenden.

Nun wenden wir uns der anderen Seite des Geschehens zu. Wir erleben oft etwas, das wir als Groll der Seele bezeichnen, vor allem dann, wenn die Seele auf ihrer Reise lange Zeit fern von zuhause war. Dann ist der Moment für den Wendepunkt gekommen und wir erkennen, dass die Erde dieser Wendepunkt ist. Sie ist das Zentrum der äusseren Welt, in dem sich die Seele nach langer Reise langsam umwendet und beginnt, wieder in die höheren Sphären zurückzukehren. Dies bedeutet, dass das Leben auf Erden noch viel wichtiger ist, als wir bisher angenommen haben. Viele bleiben auf astralen Wegen stecken, erschöpft vom Aufstieg oder von der Arbeit oder von den Offenbarungen. Viele leben in Zonen von Trägheit, die wir niedrige Astralebenen nennen, in denen die Seelen den Willen fortzuschreiten verloren haben. Sie befinden sich im Zustand des Halbschlafs, der Illusion und der Phantasien, die für sie sehr real sind und die sie ihren Himmel nennen.

Einst sprach ich mit einem alten Eingeweihten über diese Ebenen der Trägheit und er sagte: «Ja, natürlich, hier musst du erkennen, dass das Denken und die Seele eins sind, und wenn du lange genug auf das Denken einwirkst, kann dieses geradezu die Seele indoktrinieren. Wenn du diesen Menschen erzählst, dass sie solange Sünder sind, bis in ein Horn geblasen wird, kann dies sie so sehr beeinflussen, dass sie nur durch einen auferstehenden Messias gerettet werden können. Daher bleiben sie in diesem Zustand von Trägheit und Ungemach und warten darauf, dass sich die fixe Idee, die ihnen eingepflanzt wurde, erfüllt.» Dies sind also die Zonen der Schlafwandler: Menschen, die herumlaufen wie Zombies der Vergangenheit, unfähig, in ihre Zukunft zu erwachen. Ihre Energien dringen oft in die unbewusste Materie der Erde ein und von da kommen all die Wellen der Kriminalität, der Verbrechen, der Alkohol- und Drogensüchte. Hier befindet sich wohl auch die Zone der übersättigten Sinne, die unwissende Seelen, welche ihre eigenen Kraftquellen nicht nutzen, gefangen halten. Wir befinden uns aber im grossen Meer der Kreativität, wir sind Teil der universellen Bühne, und unsere Seele verwendet göttlichen, himmlischen Stoff und webt ihn in Gewänder, Mäntel und Körper, webt ihn in die Aura. Sie, die Seele, ist die Kraft, durch welche wir unseren Weg wieder finden, vom äusseren zum inneren Pfad und von da zurück nach Hause.

Die Seele ist der Diener des Geistes. Der höhere Mentalkörper, das Gefährt der Seele, ist der Ursprung der Gedanken, des Gehirns und des niedrigen Stoffs – ist bewusstes Material, das wir als Körper kennen. Alles ist Teil der grossen Kommunikationskette, und vielleicht wird das Heilen der Zukunft ein Wiederherstellen dieser Kommunikation sein. Einer Kommunikation, durch welche die ursprünglichen Ideen wieder eingepflanzt und Geist und Seele im Herzen verankert und neu geformt werden, so dass die Ebenen von Trägheit und Schlaf überwunden und der aufwärts führende Pfad des Aufstiegs fortgesetzt werden kann.

Ich denke, dieser Teil unserer Geschichte ist der wundervollste und aufschlussreichste. Es ist die Heimkehr der Seele – wo sie zum heiligen Ort zurückkehrt, dorthin wo der Geist sie beseelt hat. Doch bevor wir dies tun, ist es wichtig zu erwähnen, dass die Esoterischen Schulen die Jünger immer gelehrt haben, dass die Seele nur handeln kann, wenn sie frei ist. Und dass sie, auch wenn sie in die niedrige Materie eingetreten ist, zwar in der Materie ist, aber nicht von der Materie kommt. Dieser Hinweis ist heute wahrscheinlich noch wichtiger als früher, da die materielle Versuchung heute grösser ist. Wenn die Seele frei bleibt von Ansteckung durch Geld, durch Macht, durch Selbstbezogenheit, Ehrgeiz und all die Versuchungen, denen Christus auf dem Berg ausgesetzt war, dann erreicht sie die Losgelöstheit, welche die Antwort auf die Freiheit der Seele ist. Wir müssen ungebunden sein und nicht übermässig beeinflusst von Reichtum, Besitz oder Angst. Und doch müssen wir uns in diesem grossen Meer der emotionalen Erfahrungen bewegen, jedoch ohne unsere Identität durch übermässige Anhaftung zu verlieren. Dies bringt die Idee der Nicht-Anhaftung der Yoga-Lehren auf eine andere Ebene. Es geht um eine Art Schutz, damit die Seele nicht hineingezogen wird, damit sie nicht ständig untergeht in diesen machtvollen Gewalten der niedrigen Kräfte. Dies ist wirklich eine Versuchung, durch die jede

Seele gehen muss – eine Initiation, die uns lehrt, in der Welt der Sinne, aber nicht von ihr zu sein.

Die Tränen, die Sorgen, die Tragödien, welche wir erleben, werden alle durch Anhaftungen verursacht, wo die Seele sich erlaubt hat, ihren Halt zu lockern, indem sie versucht hat, ihre Kräfte von niedrigeren Ebenen anstatt von den höheren zu beziehen. Dies verlangt viel Nachdenken und Meditation.

Doch lasst uns zurückkehren zum heiligen Ort. Für einige mag er nahe sein und andere, vor allem jüngere, empfinden ihn als Äonen entfernt. Doch es kommt eine Zeit, wo wir unsere Körper, unsere Gewänder, unser physisches Gefährt hingeben und nach vielen Leben auf dem äusseren Weg schliesslich den inneren Pfad, den Pfad nach Hause betreten. Und wir kommen zurück zum heiligen Ort, wo wir in einem grossartigen Moment der Initiation die Seele hingeben. Da sie uns gegeben wurde als Geschenk, als Pass, als Transportmittel, da sie uns gegeben wurde als grosse kreative Kraft in den Systemen der äusseren Planeten, ist sie nun für uns nicht länger von Nutzen. Wir geben die Seele hin, denn es steht geschrieben, dass wir nicht wieder inkarnieren müssen. Dies ist ein Moment tiefen, tiefen Erkennens. Eine Seele ist nach Hause gekommen! Sie hat die beschwerlichen Pfade der Planeten, der Systeme, der Sterne und der Himmel beschritten, sie hat viele Male gelebt und ist viele Male gestorben. Sie hat gekämpft und gewonnen, sie wurde verwundet und geschlagen, doch sie hat nie die Hoffnung verloren. Und wenn der Moment der grossen Initiation kommt, kehrt die Seele zur Überseele zurück, bereichert, erweitert, in einer grossartigen und Ehrfurcht gebietenden Erhabenheit. Und keine anderen Seelen können das Material verwenden, das *deine* Seele erworben hat bei ihren erhabenen Wanderungen durch Zeit und Raum.

5
Der sich entfaltende Pfad

Die vielleicht grösste Tragödie der Seele spielt sich auf Erden ab, wenn sie in einen physischen Körper eintritt und die Verbindung mit ihrem wahren Selbst zu verlieren beginnt. Viele vergessen schnell, wenn sie ins irdische Leben eintreten und in die Freuden der sinnlichen Wahrnehmung eintauchen, die das Denken einengen und den spirituellen Kräften Beschränkungen auferlegen. Wüssten wir mehr über die Isolation, die sich dadurch ergibt, und über die Folgen, nämlich dass der Geist dann gezwungen ist, sich teilweise von der körperlichen Lebenskraft zurückzuziehen, so könnten wir mehr über die Ursachen von Krankheiten herausfinden. Denn wenn die Macht der grossen Geisteskraft ihre Identität und ihren Schutz weiter zurückziehen muss, scheinen die Kräfte des körperlichen Lebens anfällig zu werden für fremde Einflüsse, mit denen sie nicht umgehen und die sie nicht kontrollieren können.

Die höhere Schwingungsfrequenz eines reinen Lebens ist des Menschen grösster Schutzmantel, sie ist sein «Gewand», das er unbedingt braucht, wenn er sich den Risiken und Gefahren einer Erdenreise stellt. Wenn wir das volle Bewusstsein teilweise aufgeben und uns in das Teilbewusstsein einer irdischen Existenz begeben, so verlangt dies, dass wir alles, was uns zur Verfügung steht, mit voller Aufmerksamkeit nutzen sollten.

Du hast vielleicht bemerkt, dass Kinder, wenn sie zur Welt kommen, zu Beginn sehr wach sind. Sie scheinen einen natürlichen Draht zu haben, eine Verbindung zu etwas, das grösser ist als sie. Dies ist deutlich sichtbar, so dass es oft heisst, sie hätten besondere Engel, die zu ihnen schauen. Was auch stimmt, denn das Kind ist noch nicht verunreinigt, noch nicht getrübt oder ausgelaugt durch den Intellekt, sondern es lebt noch durch seine intuitiven Gefühle und reagiert ausschliesslich auf die natürlichen Impulse seines intuitiven Wissens.

Wenn wir uns als Erwachsene selbst erziehen, scheinen wir dieses angeborene innere Wissen zu verlieren. Je mehr wir uns mit materiellen Philosophien befassen, desto mehr entfernen wir uns von der geistigen Kraft, die uns Schutz, Führung, Inspiration und Lehrer ist. Verlieren wir unseren inneren Lehrer, so verlieren wir unseren Weg. In unserer Verzweiflung suchen wir Antworten auf menschliche Probleme, indem wir uns einer Religion oder einer fixen Vorstellung zuwenden, um bei einer anderen Gottheit oder bei anderen Kräften und Erklärungen Halt zu finden.

Innere Einsamkeit kann zu Realitätsflucht führen. Diese zeigt sich häufig in verschiedenen Formen von Ausschweifungen wie Alkohol, Spielsucht und allen Arten von Drogenabhängigkeiten. Solche Süchte können sich nicht nur physisch oder chemisch ausdrücken, sondern auch mental. Eine mentale Verweigerung oder Flucht zeigt sich meistens in der Haltung tiefer Hoffnungslosigkeit eines Menschen, der kritisiert, urteilt, andere herumkommandiert und sich selbst auf ein Podest stellt, von wo aus er jeden angreift, der sein Verhalten in Frage stellt. Dadurch baut sich eine Aggression auf, eine fast antisoziale Kraft, die das grundlegende Temperament zu zerstören versucht. Aber es ist im Temperament, in der Stimmung, im Charakter, wo wir sehen, dass der Geist entweder teilnimmt oder abwesend ist. Genau in dieser Qualität zeigt sich, ob ein Mensch in einem Zustand geistiger Wachheit lebt und arbeitet oder ob er nur Zeit verbringt und die grosse karmische Gelegenheit, sich selbst von vergangenen Leiden zu befreien, vergeudet. Karma ist keine Schuld, es ist Leben. Wenn du Leben und Karma als dasselbe betrachtest, dann ist Karma Erlösung und Chance. Das heisst, das Leben selbst ist die grosse Chance, sich von der Vergangenheit zu befreien.

Hier müssen wir bedenken, dass die irdische Bevölkerung und ihr Bewusstsein auf Erden im Rahmen der universellen Evolution als sehr niedrig schwingend betrachtet wird. Wir werden nicht nur als rückständiger Teil der Galaxien betrachtet, sondern auch mit einem gewissen Vorbehalt, dies wegen der Gefahr, die von unserer eigenwilligen Ignoranz ausgeht. Schau dir die Waffenindustrie an oder die Art, wie die Weltpolitik durch drohende Vernichtung geprägt ist, wie die Ausbeutung des Individuums aus Gewinnsucht ihre eigene Form der Zerstörung und Verwüstung angenommen hat. Wir haben wirklich noch einen langen Weg zu gehen, bevor wir den Entwicklungsstand der Bewohner anderer Planeten und Sterne erreichen, und es ist höchste Zeit, dass wir etwas dafür tun. Unsere Rückständigkeit ist eine Gefahr für andere. Unwissen ist kein Schutz und keine Entschuldigung, denn wir haben nicht nur gegenüber unserem eigenen Leben, unserer eigenen Generation oder unserem eigenen Zeitalter eine Verantwortung, sondern auch gegenüber dem ganzen Evolutionsprinzip. Wir müssen nicht meinen, der Tod sei der grosse Retter, der uns von all unseren Sünden erlösen wird. Keine Wachstumsstufe kann übersprungen werden und jeder Fortschritt muss durch Eigenarbeit und Selbsterkenntnis erreicht werden.

Das Leben ist nicht nur ein grosser Lehrer, es ist auch die grosse Quelle von Weisheit. Erst wenn wir die gegensätzlichen Kräfte der Naturgesetze erfahren, bekommen wir Respekt für diese grundlegenden Prinzipien. Wir respektieren das Gravitationsgesetz, weil wir uns verletzen, wenn wir fallen. Doch es gibt riesige Gesetzessysteme, die enorme Kräfte hinter sich stehen haben, Kräfte, die wir weder kennen noch anwenden. Die Medizin ist eines dieser

Gebiete: Hier geht es um die gewaltige Kraft der Regenerationsgesetze, von denen wir nichts wissen. Wir geben unseren Körper-Mechanismen die schrecklichsten und verheerendsten Chemikalien, die man sich nur vorstellen kann, und auferlegen dies der menschlichen Lebenskraft im Namen der Gesundheit! Früher oder später müssen wir mehr wissen über diese Gesetze, welche Gesundheit und Gleichgewicht steuern. Denn irgendwo haben wir nicht nur unseren Weg verloren, sondern wir haben uns sehr viel weiter verirrt, indem wir dem körperlichen Leben ein enormes Mass an Leiden, Krankheit und Not aufgebürdet haben, was eine Verschwendung des grossartigen spirituellen und menschlichen Schatzes der Seele ist.

Es ist diese unerhörte Verschwendung, die wohl des Menschen grösster Feind ist. Denn er braucht so viel, um so wenig zu erreichen. Schliesslich verkümmert seine spirituelle Entwicklung, während vielleicht sein materieller Reichtum wächst, bis der Mensch selbst über die Geister, die er rief, erschrickt.

Irgendwo auf diesem Entwicklungsweg müssen wir eine andere Denkkraft finden, wir müssen ein anderes Mittel finden, durch das wir die Extreme der Wissenschaften kompensieren können. Und da wir das nicht durch drittdimensionales Verstandesdenken finden können, müssen wir uns ausdehnen auf die Ebene über der Materie und von da die eigentliche Kraft der Lehren und die Erkenntnis des wahren Wertes anziehen.

Jeder von uns wurde mit einer Absicht und mit einem Plan geboren. Jedes Leben ist mit seinem individuellen Plan in den grossen, übergeordneten Plan eingebettet. Ein grosses System von Galaxien und Sternen wie der übergeordnete Plan kann nicht durch irdische chemische Inhaltsstoffe, durch blosse Zufälle oder leichtfertige Anordnungen aufrechterhalten werden. Alles muss vorausgeplant werden, muss vorbereitet werden, es braucht Bewilligungen und einen Spielraum für die Justierung und das Gleichgewicht im Gewebe dieses grossen, intensiven Kraftgebäudes – unserer lebendigen Welt. Daher können unsere menschlichen Leben nicht zufällig sein. Wir würden gerne glauben, dass wir allein durch unsere gesellschaftliche Stellung, durch Essen, durch das Bezahlen von Steuern und Gebühren und das Verbringen unserer alljährlichen Ferien die grosse Hierarchie zufrieden stellen können. Doch wie gross wird unser schlechtes Gewissen bei der Rückkehr nach Hause sein, wenn wir dann merken, dass dem nicht so ist. Wir sollten unsere Zeit nicht verschwenden, wenn jetzt so viel getan werden kann. Alle Wege sind miteinander verwoben. Jeder von uns, der irgendwie kommuniziert, auch wenn dies nur ab und zu geschieht, hat eine grosse karmische Verbindung innerhalb des sich entfaltenden Prinzips. Wir sollten versuchen, dies zu erkennen: Es handelt sich nicht um eine zufällige Sache, wir sind nicht hier als zufälliges Ereignis. Es ist nicht nur die alte Weisheit, die uns wachrüttelt, es sind die Eingebungen durch die intuitive Wahrnehmung des Neuen und Kommenden, durch die der Mensch sich ausdehnen muss, um eine Lösung für seine Probleme und eine neue Lebensphilosophie zu finden.

Intuitive Wahrnehmung ist in Wirklichkeit Seelenkommunikation. Es geht um die höhere Qualität des reinen Selbst, das mit dem zeitgebundenen niedrigeren Selbst kommuniziert. Doch es muss die Dichte des verfestigten Lebens durchdringen. Was ist diese Dichte? Sie ist das Ego, das Ego-Bewusstsein, ist die Angst vor dem Tod des Ego, ist die Armut des Ego. Bevor wir diese intuitive Kraft in Fluss bringen können, müssen wir viel Eigenarbeit leisten, um die natürliche Sensitivität zu entwickeln, die in der Zeit nicht nur anleiten und führen, sondern durch die jeder Mensch seine wahre Bestimmung entfalten kann.

Jeder Mensch hat eine besondere Art von Erdenreise, je nach seinem Temperament, seinen Bedürfnissen und zukünftigen Anforderungen. Gleichzeitig ist die Geographie jedes Lebens enorm komplex – auch wenn alle Leben ähnlich erscheinen –, so dass wir nicht eine allgemeingültige Form der Wahrheit anwenden können. Die Wahrheit muss sich verschiedenartig zeigen, muss so biegsam und formbar sein, dass sie alle unterschiedlichen Zustände der Evolution nähren und füttern kann. Zustände, die je nach momentaner Form die passende Nahrung brauchen.

In diesem Stadium auf dem sich entfaltenden Pfad geht es weniger um das Sichtbare als um das Unsichtbare. Letzteres bleibt dir so lange verborgen und ist somit bedeutungslos, bis du seine innere Bedeutung in dir entdeckst. Dieser nach innen gerichtete Sinn, diese Wahrnehmung, welche die ewigen Wahrheiten erreicht, um die eigentliche Bedeutung von Ereignissen zu erkennen, ist eine hochnotwendige Fähigkeit, die jeder geistige Schüler und Sucher in sich selbst entwickeln muss. Es geht nicht um Medialität, Wahrsagerei oder den Versuch, besondere Informationen von einem besonderen Propheten für einen besonderen Zweck zu erhalten. Es geht um die eigene Intuition, die eine Kraft der Seele ist.

Die intuitive Wahrnehmung erfolgt jenseits des Verstands. Sie hat ihre eigene Belichtung oder Überschattung, hat ihre geistige Quelle und weckt ein neues Gefühl von Verantwortung. Sie hat ihre eigene Kraft und Ausrichtung, die sich durch Nachdenken und Bewusstseinserweiterung vertiefen. Üblicherweise stellen wir uns Kraft als etwas Mechanisches vor, etwas, das fährt und bewegt. Doch müssen wir erkennen, dass Kraft eine kreative Energie ist. Wenn die geistige Verantwortung in uns erwacht, muss die damit zusammenhängende Disziplin sehr viel strenger werden. Wo wir vorher unsere Worte gedankenlos sprechen konnten, werden diese lockeren Worte jetzt zu Worten der Kraft, dies infolge unserer inneren Verpflichtung und Entwicklung. Wo wir uns vorher aufregen konnten und Recht haben wollten, kommt jetzt eine Zeit, in der es um Disziplin in jeder Situation geht. Denn ohne Disziplin gibt es keine Freiheit. Dass Disziplin uns Freiheit geben sollte, ist wahrscheinlich eine neuartige Idee, doch sie ist wahr. Denn ohne Selbstdisziplin sind wir jeder vorübergehenden menschlichen Laune und jeder Stimmung ausgeliefert. Wir sind verletzbar durch jede Kritik. Wir können dann begeistert sein oder am Boden zerstört, ausgelöst durch zufällige Bemerkungen, und können so in Situationen verharren, in die wir gar nicht gehören.

Der Weg ist also nicht nur eine Reise nach Hause. Es geht um die grosse Weckkraft, um das spirituelle Erwachen. Wenn du zu jemandem sagst: «Ich segne dich», dann tritt wirklich eine segnende Kraft in das Energiefeld seines Lebens, während gedankenlose Worte kaum mehr bedeuteten als ein flüchtiges «Guten Tag».

Es ist diese vertiefte Beziehung, dieses Kraftfeld, das den Schüler und den Suchenden – egal ob er sich dessen bewusst ist oder nicht – in eine innere Verbindung und auf eine höhere Ebene bringt. Wir bemerken plötzlich, dass wir unsere Tage weniger mit Smalltalk, sondern mit klarem Denken füllen. Dies ist der wahre Sinn des Lebens. Die einzige Art, das Leben zu füllen, ist Einfachheit. Der Mensch scheint die merkwürdige Vorstellung zu haben, dass er nur mithilfe von Schwierigkeiten durchs Leben kommt. Mit einem Puzzle oder einer schwierigen Frage, mit einem Kreuzworträtsel ist er glücklich, weil es Anstrengung verlangt. In anderen Worten, er betrachtet etwas, das leicht erscheint, mit Argwohn. Mach eine tiefe Wahrheit einfach und er wird daran vorbei gehen. Wir scheinen eine solche Komplexität in uns zu haben, dass wir glauben, wir seien nicht sicher und könnten nicht leben, ohne zu kämpfen und ohne alle möglichen Aggressionen und Schutzmassnahmen um uns aufzubauen. Es ist möglich, ein sehr einfaches und tiefes Leben zu führen, doch dies interessiert nicht viele Menschen. Sie lieben es kompliziert und schwierig, sie konstruieren Dinge, um sie dann zu enträtseln, sie spielen Schach, berechnen und planen und versuchen, die anderen zu schlagen. Dieses Verhalten ist auch eine Art Krankheit der Politik und der Geschäftswelt, eine Art Krankheit eines bestimmten sozialen Status. All das ist sehr destruktiv für den Geist. Das heisst nicht, dass wir uns aus dem wettbewerbsbetonten Leben zurückziehen sollten, doch es heisst, dass wir den Kampf nicht mitmachen müssen.

Wenn wir unsere natürlichen Energiequellen benützen, benötigen wir nichts anderes. Es ist diese Natürlichkeit, diese natürliche Einfachheit, die im Inneren die Arbeit tut. Dies ist den Geschäftsleuten sehr schwer beizubringen, aber es ist eine Tatsache, dass sie ein viel wohlhabenderes Leben führen könnten mit weniger Verschleiss, wenn sie es weniger kompliziert machen würden. Doch Komplikationen scheinen eine merkwürdige Faszination auszuüben. Die Aufgabe des Suchenden ist zu vereinfachen und sein eigenes Talent in einen natürlichen kreativen Ausdruck zu bringen. Es gibt Zeiten, in denen die Erziehung die natürliche Kreativität verderben kann, so dass die Verheissung von sehr grossen Talenten – vielleicht Malen oder Singen – verloren geht. Sie wird aus den Menschen hinaus erzogen, wird verdorben, eingeschränkt, falsch ausgerichtet und führt zur Entfremdung gegenüber der eigenen natürlichen Gabe.

Natürlichkeit ist eine grundlegende Sache auf dem inneren Weg, sie ist auch viel leichter! Man braucht sich nicht zu schützen, muss nichts Falsches vorgeben, muss nicht schauspielern – man hat mehr Zeit zum Leben, mehr Zeit zu «sein». Mit der intuitiven Wahrnehmung muss man nicht so sehr auf der Hut sein, weil die intuitiven Antennen weit reichen und uns schützen. Alles ist bekannt, alles ist schon geschehen. Es gibt keine Geheimnisse im Leben, denn nur in der gottgegebenen Ordnung können wir das Leben oder seine Mechanismen erkennen – alles ist bereits geschehen, alles ist schon da, wir kennen es schon. Das scheint uns vielleicht merkwürdig, doch haben wir in Wirklichkeit nur einiges vergessen und müssen daran erinnert werden.

Die Menschheit ist eine grosse engelgleiche Kraft, die auf Erden durch die Schulung der niedrigen Evolution geht. Wenn wir dies wissen, können wir einen kurzen Blick erhaschen auf die Erhabenheit, das Wunder, auf die Pracht des Menschseins anstelle des schäbigen Bildes, das wir so oft in einer tragischen Identität sehen, die der Mensch für sich selbst herangezüchtet hat.

Intuitiv sehen wir die wahre Kraftquelle: die Kraft zu schöpfen und zu manifestieren, mit sensitiven Lebensströmen und den höheren Harmonien. Dies können wir auch auf die Gesundheitsmuster anwenden. Unsere Bemühungen in diese Richtung sind jedoch sehr oberflächlich und auch heute verstehen wir die Transmutation nicht einmal annähernd. Wir altern viel zu schnell, die Stosskraft der Jugend, die Aufgewecktheit, die Lebensenergie verlassen uns viel zu früh – und die Neugierde sowie das natürliche Gespür des instinktiven Lebens sind bereits im Jugendalter beinahe verschwunden. Es sind die Werte des Lebens, die wir verlieren; wir geben sie ab – um was zu gewinnen? Ansehen? Zugehörigkeit? Erlösung? Was auch immer, wir geben sie ab und verlieren dadurch einen grossen Schatz. Es ist an uns Suchenden auf dem Weg, diesen Schatz wieder zurückzufordern. Wir sollten uns als engelgleiche Wesen sehen, die durch ein irdisches Leben gehen und die primitive evolutionäre Belastungen und Spannungen durchmachen, während wir feinstofflich am Rand des äusseren Raums wirken, wo wir mitschöpfen auf jeder Ebene. Denn schöpfen können wir – und müssen wir. Wir können nicht aufhören zu schöpfen, denn wir sind ein schöpferisches Prinzip.

Doch was schöpfen wir? Das ist der springende Punkt. Wir können entweder das Natürliche kreieren oder das Unnatürliche. Natürliche Menschen hat man gerne um sich. Denn wir müssen mit ihnen keine Spiele spielen oder lügen oder so tun als ob, um sie glücklich zu machen. Jeder Suchende auf dem Weg sollte ein natürlicher Mensch werden. Wir sind keine gefallenen Engel, wir sind nicht unverbesserlich – doch wenn wir nicht anfangen, unseren Aufstieg in die planetarischen Ordnungen zu beschleunigen, die auf der Schwelle des menschlichen Alltags warten, verlieren wir diese grossartige inspirierende Gelegenheit: die Gelegenheit hinauszutreten aus all dem Schmutz, aus dem Unglück der Geschichte und der Vergangenheit, aus der Vernichtung, dem Profitdenken, der Gewinnsucht, aus Krankheit, Tod und Armut. Die Gelegenheit, in eine gereinigte neue Gedankenwelt einzutreten. Die Menschen müssen bereit sein, dies vor allem anderen anzustreben: mehr zu sein als nur ein menschliches Wesen – es muss nicht etwas Spezielles sein, doch etwas, das gross sein könnte. Und als Antwort auf diese innere Grösse erfolgt die Geburt des angeborenen Talents des Individuums, des wahren Lebens, der wahren Gesundheit, des wahren Rhythmus. Jemand muss diese Reise starten. Jemand muss diesen Trend zurück zu einer neuen, reinen Welt anfangen. Wir können nicht weiter all diesen alten Dreck wiederholen, die ganze alte Geschichte – irgendwo muss eine neue Gruppe von Menschen sein, die bereit sind, sich selbst zu erziehen und in eine neue Partnerschaft, in eine neue Beziehung zum Leben zu treten.

Einige befürchten vielleicht, dass sie, wenn sie ihre Art zu leben ändern, als Sonderlinge betrachtet werden. Doch das ist nicht unbedingt so. Wir sollten alles, was geschieht, wenn wir uns nicht anpassen, als Mittel der Selbsterziehung betrachten – sogar wenn wir ausgelacht werden. Auch können wir, wenn wir unseren eigenen Weg der Entfaltung gehen, viele Menschen ermutigen, die ebenfalls in Bewegung sind und die nach jemandem suchen, der nicht denkt, sie seien verrückt und dumm oder lächerlich. Jemand, der sagt: «Ja, ich verstehe, dies ist etwas, durch das ich auch gegangen bin.» Und so beginnen sie in einer neuen Sprache zu sprechen.

Der nächste Teil der Entfaltung ist vielleicht noch wichtiger: Es geht um die Fähigkeit, die Schwingung und die Qualität der Lebensaspekte, mit denen wir in Kontakt kommen, anzuheben oder zu erhöhen. Tiere und Kinder sind sich dessen weit mehr bewusst als der Erwachsene, dessen Denken verdorben sein mag – es geht um die Fähigkeit zu sagen: «Erhebe Dich, nimm Dein Bett und gehe.» (Wie Jesus zum geheilten Gelähmten sagte.) Hier steht die ganze Menschheit auf der Schwelle zum interdimensionalen Bewusstsein. Jeder sieht in jedem dessen wahres Wesen – das Tier, der Hund, der Vogel, die Nahrung, die Luft, die Erde, sie alle schauen auf jedes Menschenwesen, auf dass dieses sagt: «Erhebe Dich mit mir, Du gehörst dazu.»

Ein Grossteil des menschlichen Lebens scheint über die negativen Pole zu laufen. Wir neigen dazu, alles klein zu machen, nach unten zu drücken, es zu ignorieren oder nichts damit zu tun haben zu wollen. Ich kannte eine Dame, die zu ihrem Rosengarten gesprochen hat – und innert einer halben Stunde hoben die Rosen ihre Köpfe und verströmten einen lieblicheren Duft. Ich habe sie mit einem Kind, das einen Wutausbruch hatte, sprechen sehen – und innert einigen Minuten lächelte das Kind liebenswürdig, entspannte sich und redete. Dies ist die Kraft des Erhöhens, des Anhebens der Schwingung!

Es gibt diese Stelle über das Sich-Erheben im neuen Testament. «Ich werde mich erheben und zu meinem Vater gehen!» Dies ist eine andere Art zu sagen: «Erhebe Dich, nimm Dein Bett und gehe.» Jeder Schüler auf dem Pfad muss erkennen, dass er diese angeborene intuitive Kraft besitzt. Es ist so viel leichter zu fluchen, zu ignorieren, niederzudrücken als zu erheben und zu erhöhen, als das Beste in jeder Situation zu leben.

Es gehört zu unserer menschlichen Arbeit auf dem sich entfaltenden Pfad der Seele, die Selbstdisziplin der Achtsamkeit zu pflegen. Damit segnest du alles, was du hast, nicht in Worten, sondern weil du Du bist. Das Wasser, das du trinkst, die Nahrung, die du isst, die Luft, die du atmest, die Erde, auf der du gehst – du solltest dich in einem Zustand der Erhöhung befinden, in einer Leichtigkeit, fast wie in einer verzauberten Märchenwelt statt in einer morbiden, jämmerlichen, verdorbenen, heruntergekommenen Welt, der wir durch eine negative Haltung allen Zauber nehmen können.

Der Zustand der Erhöhung ist wie ein Zurückkehren zu den Märchen, zu diesen zauberhaften Geschichten, wo wir wussten, dass alles möglich war, weil es in uns selbst geschehen konnte. Wenn du alle zauberhaften Geschichten aus der Kindheit betrachtest, wie kannst du sie aus der Sicht des Erwachsenen benennen? Science Fiction? Kunst? Statistiken? Ökonomie? Zauber ist etwas, das zu einer anderen Welt gehört und das wir alle verzweifelt suchen. Es ist eine neue und doch alte Sprache, doch sie sollte von neuem und in allem aktiviert werden. Der Suchende auf dem sich entfaltenden Pfad muss lernen, dass nicht nur Toleranz und Gutherzigkeit und Nächstenliebe sowie Kritiklosigkeit verlangt werden. Es gibt eine andere Form von Kraft – wir nennen sie Anmut, Güte. Manche Leute würden sie wahrscheinlich als gute Manieren bezeichnen. Andere würden sie Rücksicht nennen. Man hört dann vielleicht: «Wie hübsch diese Person sich bewegt», «Wie rein ihr Gesicht ist», «Wie liebenswürdig sie ist.» Güte und Geist strahlen gemeinsam!

Man spürt eine sanfte Güte, wenn die Seelenkraft auf dem sich entfaltenden Pfad der Führer ist: Sie scheint ein Licht vorauszuwerfen, ein liebevolles, sanftes Licht. Sie bringt nicht das

Schlimmste in einem Menschen hervor, sondern ermutigt das Beste. Sie braucht keinen Widerstand, keine Täuschung und keinen Neid. Sie ist nicht im Krieg mit irgendetwas. Sie führt zu einer natürlichen Einfachheit, einer Güte, die die ganze Lieblichkeit der heiligen Gesetze vereinigen will und sie als grossartige Freunde in die Tätigkeiten des Lebens bringt. Dies anstelle von Aggression, Vergeltung und Gnadenlosigkeit.

Durch Selbstarbeit bringst du nicht nur eine neue Form des Fühlens und der Ausrichtung in die Welt, sondern eine Kraft, die zum Plan der Neuen Zeit gehört. Dies ist die Kraft, von der Christus sagte, sie mache alle Dinge neu, sie bringe uns grössere Fülle und Gesundheit, sie gebe uns Leben. Ich möchte, dass du fühlst, wie du dich von dieser Kraft berühren lässt. Sie kann dir sehr nah kommen in einer kleinen Erinnerung, einem kleinen Atemzug, in einem kleinen Aha-Erlebnis, in einem Traum, über eine Ermutigung. Es gibt keinen Weg zurück, es geht nur vorwärts. Und jene, die den sich entfaltenden Pfad erkennen, im Gewahrsein dieser neuen intuitiven Kraft und deren Verantwortung und richtiger Anwendung – frei von einem egoistischen Motiv, von Profit und Gewinn –, jene haben den Mut, diese Kraft zu nutzen. Es ist ein einfacher, direkter Mut, mit dem wir Verachtung und Lächerlichkeit aushalten und unversehrt weiter gehen, im Wissen, dass diese tiefe intuitive Kraft das eigene Licht im grossen Licht ist.

Die intuitive Kraft wird nicht nur deinen Pfad und andere Pfade beleuchten, sie ist auch ein grosser Schutzmantel, den wir unbedingt brauchen und den wir mit anderen teilen können. Mit denen, die verängstigt sind, die unglücklich und alleine sind und die keinen Engel kennen – die keine Botschaft kennen, ausser du gibst sie ihnen. So erhält deine Arbeit mit dem Selbst eine andere Bedeutung. Sie tritt in eine neue Beziehung, sie gehört zur Evolution im allumfassenden Plan des Lebens. Sie ist Teil deines karmischen

Kommens, deines karmischen Gebens. Sie ist die wahre Notwendigkeit deiner Geburt, und diese Stunde, dieser Moment ist so nahe zu dir gekommen, dass du ihm nie mehr den Rücken zuwenden kannst. Einmal berührt, wird sein Zauber niemals sterben. Die neue Kraft, die neue Zeit beschleunigt sich, bringt Gesundheit, Energie und Erleuchtung in der sich entfaltenden Zukunft, auf die alle so verzweifelt warten. Du bist ein Verkünder der Neuen Zeit. Dein sich entfaltender Pfad ist das Versprechen und die Hoffnung vieler, die du nie treffen wirst.

6
Unsere Bestimmung ist vor-bestimmt

Wenn wir uns mit esoterischer Forschung befassen, müssen wir bereit sein, an heilige Orte zu gehen. Viele werden im Aussen als weit entfernt und hochehrwürdig betrachtet, obwohl sie innerlich bereits zu unserer lebendigen Erinnerung gehören und gar nicht ortsgebunden sind. Leben ist Geschichte in Aktion, und wir sind Teil der Vergangenheit, die sich im Heute manifestiert, wir sind das Resultat vieler Erfahrungen auf vielen Ebenen der Existenz. Die meisten von uns sind nicht junge Seelen auf Erden, sondern sind äusserst erfahren in der Kunst der Inkarnation. Inkarnation ist ein nur teilweises Eintauchen in eine dichtere Form. Das heisst, nicht das ganze Bewusstsein tritt in einen durch die Empfängnis vorbereiteten körperlichen Zustand ein, denn wir entfalten uns auf vielen Ebenen und in vielen Dimensionen gleichzeitig. Der Vermittler zwischen der grobstofflichen Materie unserer Körper und dem Geist ist die Sensitivität der Seele, welche die Materie in ihrer niedrigeren Form erfährt. Wir sind Teil eines grossen sich stetig verändernden Programms von entwickelten Wesen, die immer wieder in die planetare Energie eintreten, um sie dann wieder zu verlassen. Und alles und jedes auf Erden trägt zur Bereicherung der Geisteskraft und der Seele bei. Daraus erkennen wir, dass jedes Leben nur ein kleiner Schritt im grossen Muster der Evolution ist, in dessen Herzensfeuer die Flamme der einen weitreichenden kosmischen Ausrichtung brennt.

Dies heisst nicht, dass wir wahl- und planlos in eine inkarnierte Form geschickt werden, denn wie bei allen Formen der Evolution braucht es eine Ordnung, gibt es eine Richtung und eine Anleitung. Als Mensch können wir kaum unser eigenes Leben lenken, erst recht nicht unsere seelische Bestimmung. Daher ist unsere Bestimmung in ein umfassenderes Muster eingebettet, durch das jede Inkarnation als ein Faden in das Gewebe der Zeit eingewoben wird. In diesem Gewebe sind alle grossen Ereignisse der sich entfaltenden Welten eingewoben; es ist das, was wir als kosmisches Muster bezeichnen, das vor der Entstehung der Zeit gewoben wurde, sogar bevor Seelen in eine Sphäre für Inkarnationen geboren wurden. Eigentlich haben wir mitgeholfen, die Fäden dieser Geschichte zu weben. Wir sind eigentlich die Weber dieses Stoffes, sind Teil seiner Farbe und seiner Struktur, seiner Gestalt und Form, wir sind Teil seiner lebendigen Erscheinung. Das Leben ist wie ein riesiges, wunderbares Bild, das sich bewegt und sich stetig wandelt, das durch verschiedene Dimensionen und Zeiten funkelt und schliesslich die göttliche Quelle im Stofflichen durch sich selbst manifestiert.

Sterne und Systeme befinden sich ebenfalls in einem stetigen Prozess der Schöpfung. Und wie die Systeme und Galaxien erschaffen und in die Lebenskräfte der universellen Gesetzmässigkeiten gebracht werden, so befinden sich auch die «Lehrlinge» des Universums – wenn du dich als solchen betrachten willst – in Vorbereitung auf eine Inkarnation. Dies nicht unbedingt nur für dieses bestimmte Leben oder diesen bestimmten Planeten, sondern einfach in einer Art Inkarnations-Schulung, während welcher die Seele durch ihre Erfahrungen Kraft sammeln kann, damit sie später fähig ist, diese in anderen Dimensionen neu zu interpretieren. Für die Seele auf Erden geht es also darum, ihre Umgebung zu meistern, um dann die primitive Materie ihrer dichteren Körper zu meistern, die aus den Substanzen der bereits gelebten Inkarnations-Felder bestehen. Daraus resultiert, dass wir in viele Gewänder gekleidet werden, die alle unterschiedliche Hüllen sind, durch welche die verschiedenen Aspekte der Persönlichkeit wirken. Weil die Seele durch äussere widersprüchliche Situationen eingeengt wird, wird sie fähig, innere Tiefe zu gewinnen, dies indem sie die äusseren Erfahrungen meistert. Daher ist keine Erfahrung jemals vergebens, wie unbedeutend auch immer sie erscheint, denn sie enthält eine Tiefe und eine Bedeutung, die im weiteren Leben genutzt werden können.

Wir sind sehr fein ausbalanciert auf der Skala der Evolutionsspirale und unterstehen dem grossen Gesetz der Gegensätze. Viele fragen sich, was denn das Gesetz der Gegensätze ist. Um einen Eindruck davon zu erhalten, kannst du dir eine kosmische Uhr vorstellen, deren Pendel langsam durch den grossen Bogen der Sphären schwingt, die wir als Zeit kennen.

Dieser Rahmen namens Zeit ist eigentlich die Ordnung des Universums, die von uns auf Erden erfasst werden kann. Ein kleines Beispiel: Wir können sagen, dass in einem Zeitraum von hundert Jahren der Mond zu bestimmten Zeiten Finsternisse erfahren wird, dass eine Flutwelle bis auf eine bestimmten Höhe steigen kann, dass ein Stern an einem bestimmten Ort aufleuchten wird. Auch die Bewegungen von Ebbe und Flut und die ganze Organisation des Universums, wie wir sie erkennen können, kann vorausgesagt werden, da jeder kleine Teil durch diese grosse Ordnung in den Rahmen der Zeit eingeplant worden ist.

Sind wir uns bewusst darüber, dass wir in einem geplanten, zeitlich geordneten Universum leben, folgt daraus, dass alles Leben, das in diese Bereiche und Bedingungen eintritt, vorausgeplant, vorbereitet und konditioniert ist. Obwohl wir innerhalb der Dimension, in der wir uns aufhalten, einen bestimmten Bereich des freien Willens unser eigen nennen, werden wir doch im grossen kosmischen Strom der evolutionären Ordnung mitgetragen, ob es uns passt oder nicht.

Diese stetig fliessenden Ströme sind in Wirklichkeit unterschiedlich schwingende Ebenen von Energie, die in verschiedene Richtungen fliesst. Die Vorstellung der Evolution als fliessende Energie mag neu für dich sein. Dies ist allerdings nicht der Fall, wenn du ein wenig von den Künsten der Astrologie oder der Kosmologie verstehst, die aufzeigen dass die Bewegungen der Sterne und ihre Strahlen die unterschiedlichen Lebensformen beeinflussen und steuern. Strahlung scheint die Nahrung oder die Energiequelle zu sein, von der alles inkarnierte Leben abhängt. Diese Strahlen sind ein Teil des kosmischen Atems, der sich durch dich als dein ursprüngliches himmlisches Muster zeigt. Wir alle haben unseren eigenen Strahl, unsere eigene nährende Lebenslinie, die sich in ständiger Kommunikation und im Einklang mit der Quelle unserer Geburt befindet.

Der Ort, an dem Seelen geboren werden, ist eine äusserst hoch schwingende Sphäre, die unser kleiner, begrenzter Verstand kaum erfassen kann. Werfen wir trotzdem einen Blick in dieses weite, himmlische Gemach, in dem die Seelen des Lebens aus dem grossen Licht des Universums geboren werden! Visualisiere das Licht Gottes als grosse Licht-Kugel, die ihr Licht in die Himmelssphären strahlt, und betrachte dieses Strahlen als Kraftquelle. Aus dem stetigen Ausstrahlen Gottes hinein in das kosmische Zentrum des Seins wird das Leben geformt und fliesst dann in jene grossartigen Dimensionen, in welchen die Elemente geschaffen werden. Und durch die Elemente der verschiedenen Lebensfelder bewegt sich die Seele in ihre ersten Inkarnationserfahrungen hinein.

Wir hier auf Erden kennen nur einen sehr kleinen Teil der Elemente – Luft, Feuer, Wasser, Erde, Äther. Aber es gibt noch viele andere, weitaus kraftvollere. Und so durchläuft die Seele die Schule der Elemente, wobei sie einen Teil der ganzen Kraftquelle, durch welche die Schöpfung geformt wird, in sich verinnerlicht.

82

Die inkarnierte Seele ist eine winzig kleine Form, etwa so klein wie die Eichel im Verhältnis zur Eiche. Ihre Zukunft liegt in der Möglichkeit, in diese verschiedenen Elemente, Kräfte und Fähigkeiten zu inkarnieren. Und in zukünftigen Zeiten, während sie durch die verschiedenen ihr vorbestimmten Formen wandelt, werden sich die verschiedenen Elemente durch ihre eigene Art als Meisterschaft oder als Talent zeigen.

Und so geschieht es, dass in den unterschiedlichsten Bereichen Genies auftreten, Erfinder oder Wissenschaftler, oder jene, welche die Grundlagen der niedrigeren und höheren Lebensformen erforschen. Sie alle gehören zum ursprünglichen Geburtsgeschehen, als die Elemente in die Gruppenseele hinein verkörpert wurden. Dies deutet auf das uns verborgene Potential des Geistes hin – dass er fähig ist, die Essenz der ganzen Schöpfung in einer winzigen Form nachzubilden. Natürlich wird uns diese Kraft nicht einfach in einer Art himmlischer Übertragung gegeben. Sind wir einmal zum Lehrling der natürlichen Elemente der kosmischen Kraft geworden, dann werden wir ausgesandt in die Reiche der Schöpfung, um erst dort die verschiedenen vorbestimmten Kräfte, aus denen wir zusammengesetzt sind, zu entwickeln. Daher ist der Mensch in sich ein grosser Widerspruch. Er ist Himmel und er ist Hölle, er ist Engel, er ist Heiliger und er ist Teufel. Er ist eine Mischung aus seinen verschiedenen planetaren Ursprüngen, er trägt in sich die Göttlichkeit unablässiger Kreativität wie auch die Kraft der Zerstörung. Auf Erden zeigen sich diese riesigen Kräfte, verankert in seiner Seelenkraft, ähnlich einer explosiven Form. Mit und in ihr muss der Mensch vorwärts gehen, bis an den Rand des Weltraums; hier muss er die Elemente seiner Seelenkraft nutzen und schrittweise Meisterschaft über sie erlangen. Dies erklärt auch, wie Kriege entstehen. Es erklärt und zeigt uns die gewaltigen Exzesse der Seelenkraft, die sich physisch als Ehrgeiz, als Diktatoren manifestieren. Die Geschichte zeigt uns, wie das geschehen kann, zeigt uns, dass von Zeit zu Zeit riesige Massenenergien über die Erde hinweg wogen. Und dann sehen wir, dass die Exzesse der Seelenkraft Situationen schaffen, die gleichzeitig verheerend und destruktiv sowie schöpferisch und wunderschön sind.

Wir können erkennen, dass solche Vorgänge, im ursprünglichen Plan der Geburt angelegt, zum seelischen Erbe gehören. Und dass jeder Prozess sich in den äusseren Raum hinaus ergiessen muss, wo die Seelenkraft verschiedene planetare Bedingungen und Körper erschaffen hat und bewohnt. In dieser Kombination nutzt sie die Elemente und Kraftquellen und wandelt diese in Gotteskraft anstelle von Destruktivität.

Es gibt viele Sterne und viele Systeme und sie alle beinhalten eine bestimmte Absicht, die bestimmten Schulungsabteilungen mit dem Thema «Einweihungen» eigen ist. Diese Einweihungen bilden Stufen, ausgehend von den himmlischen Sphären bis hinein in die dichte Materie. Die Seele beginnt ihre Reise und steigt die grossartigen kosmischen Stufen hinab und inkarniert allmählich, indem sie viele Arten von Körpern benutzt. Und schliesslich erreicht sie den Planeten weit aussen im Weltall – dies ist der Raum oder der Planet, den du jetzt bewohnst. Von hier aus können wir wiederum unsere Reise nach Hause beginnen.

Du hast sicher gemerkt, dass Inkarnationen auf verschiedenen Ebenen stattfinden, denn in der Evolutionsspirale erhält jeder Lebensaspekt seinen Moment der Kraft. Dies geschieht meistens in der Mitte seines Inkarnationsmusters, und vielleicht wird eben da der grösste Schaden verursacht – oder aber es wird an diesem Punkt mehr Erfahrung und Einsicht gewonnen durch die machtvolle Kraft der Persönlichkeit. Dies sind die Momente, in denen du über grossen Reichtum verfügst: Du bekleidest einen hohen Vertrauensposten, du hast weitreichende Macht über Menschen, du bist in einer Position, in der Leben und Tod in deinen Händen liegen und du über riesige Schätze verfügst. All dies sind Momente deiner grössten Prüfungen.

Wenn wir zu Zonen grosser persönlicher Macht aufsteigen, erfahren wir vielleicht mehr karmische Tiefe als zu irgendeiner anderen Zeit. Wenn wir auf diesem Gipfel ankommen – auf diesem Höhepunkt – und anfangen, auf der Leiter unseres vorbestimmten Pfades hinunter zu steigen, sollten wir beginnen, Karma-Last abzuwerfen. Wenn wir aufwärts gehen auf der Reise nach aussen, sind wir noch unwissend, unschuldig. An diesem Punkt geben uns die universellen Gesetze einen grossen Spielraum, in dem wir experimentieren und uns auch irren können. Erfahrungen sind immer nur «Versuch und Irrtum», sind die manifestierte Kraft im Gegensatz zu den Gesetzen und Energien des Universums. Bis wir lernen, Kräfte und Energien zu harmonisieren, werden wir von ihnen herumgestossen und schikaniert, doch gleichzeitig werden wir von ihnen vor allem geschult.

Schlussendlich erkennen wir, dass alle Schranken grossartige Lichtschranken sind. Das heisst, in einer Dimension gibt es eigentlich keine Abstufungen, sondern nur die jeweilige Lichtintensität, auf deren Frequenz sie angelegt ist. Diese Lichtintensität ist als Essenz auf der jeweiligen Frequenz in der Seele angelegt und hütet ihre Stabilität. Die Kraft des Lichts ist also in unserer ursprünglichen Herkunft und auf allen Ebenen enthalten. Das Zentrum des Lichts im Herzen unseres Wesens ist ein Teil unserer ursprünglichen Form. Es kann verstärkt oder geschwächt, versteckt oder unterstützt werden, doch schliesslich müssen wir lernen, mit dieser grossen Lichtkraft auf jeder Stufe umzugehen – denn Licht ist das Prinzip der Schöpfung.

Die Seele muss sich mit den Kräften von Dunkelheit und Licht auseinandersetzen. Da ist die primitive Materie, welche die Seele zu disziplinieren lernen muss, um zu den höheren Sphären der Schöpfung durch Zunahme der Lichtintensität aufzusteigen. Sie muss Erfahrungen machen von Verlust und Gewinn, von Versagen und Erfolg, Kälte und Hitze, von Kontraktion und Expansion, von Höhe und Tiefe – dies alles muss die Seele selbst erfahren und kosten. Daher kann ihre Schulung, ihre Vorbereitung nicht zufällig sein, sondern kann nur vorbestimmt sein. Der Herr der Schöpfung lässt kein schwaches Ego einer Seele frei herumlaufen und sich selbst zerstören, es ist durch einen Faden aus silbernem Licht an sein Heimatland, an sein Heimatzentrum angebunden. Dieser Lichtfaden hat viele Namen und scheint die heilige Verbindung zu sein, die jeder Geburt eigen ist. Dies zeigt sich sogar bei der irdischen Geburt eines Kindes, das durch die Nabelschnur mit seiner Mutter verbunden ist. Das Licht bildet einen Faden, der uns in das unsichtbare Gewebe allen Lebens einwebt.

Unsere Erfahrungen in der Zeit entstehen aus seelischen Visionen und seelischem Voraus-Wissen. Das Muster unseres Erdenlebens wird uns gezeigt, bevor wir ankommen. Wir werden auf viele universelle Schulen geschickt, uns werden verschiedene Talente und Fähigkeiten mitgegeben, die bereits vor unserem physischen Dasein in die irdische Welt projiziert werden. Eltern werden ausgewählt, ebenso Seelengruppen, die Rassenzugehörigkeit, religiöse Einstellungen, so vieles muss beachtet werden bei der vorbestimmten Geburt; das ganze Leben muss auf diesen wundervollen Moment der Inkarnation ausgerichtet werden.

Es ist bekannt, dass Seelen in gewissen Fällen ihren Weg zurück in inkarnierte Körper erzwungen haben, und zwar ohne jede Vorbereitung. Dies kennen wir als Geburtsbesessenheit, verursacht durch duale Aspekte von Persönlichkeiten und Seelen, die sich vermischen. In einigen Fällen sind gar fünf oder sechs Persönlichkeiten in Aktion. Es gibt zudem Hinweise darauf in der Bibel, wo von «vielen

Teufeln» gesprochen wird. Damit ist eigentlich gemeint, dass viele inkarnierte Persönlichkeiten in eine niedrige Geburt eingedrungen sind, indem sie sich selbst in die Persönlichkeit einer niedrigen Seele hinein gedrängt haben. Diese Geschehnisse bilden Geburtsunfälle und sollten nicht als Störung der höheren Ordnung betrachtet werden. Das Leben kann nicht gelebt werden ohne unerwartete Ereignisse, ohne Gefahren, ohne Risiken. Wenn jede Gefahr und jedes Risiko von unserer Inkarnationserfahrung ferngehalten würden, würden wir nichts lernen. Der Freie Wille bedingt, dass wir ein bestimmtes Mass an Eigenverantwortung übernehmen. Wir müssen teilhaben an den Gefahren eines sich ausdehnenden Universums, an den Wechselfällen der sich inkarnierenden Zeit. Sei dir bewusst, dass diese Inkarnation sehr kurz ist, verglichen mit dem Zeitraum des gesamten Lebens einer Seele. Auch wenn es zurzeit ziemlich düster aussieht, ist es eigentlich unbedeutend, wenn man es aus der Perspektive des ganzen Zeitraums betrachtet.

Die Tragödie besteht darin, dass oft, wenn die Körpersysteme oder -organismen nicht in der Lage sind, den Seelenplan zu befolgen, die Seele gezwungen ist, sich zurückzuziehen. Das ist vielleicht die allergrösste Tragödie allen Lebens. Schlechte Gesundheit oder andere körperliche Behinderungen sind wohl schwierig, müssen aber keine Tragödien sein. Doch es ist wahrlich eine Katastrophe, wenn der Seele der Beweggrund für ihre Geburt abgesprochen wird. Wir sehen das dort, wo Lebensfunktionen und das körperliche Leben völlig dominieren, wo die niedrigen Kräfte der mangelnden Disziplin alles intuitive Wissen und die Weisheit auf die Seite stossen, wodurch die Seele in einen Konflikt gerät, über den sie keinerlei Kontrolle hat. Wenn wir mehr darüber wüssten, dann wüssten wir mehr über psychische Krankheiten. Denn es scheint der Verlust der Seele zu sein, der an der Wurzel jedes psychischen Zusammenbruchs steht. Wir sind sehr exponiert, und jedes Entfernen des geistigen Schutzmantels bringt das menschliche Ego in grosse Gefahr. Wir leben in der primitiven Materie, die unter die Führung des reinen Geistes gebracht wird. Und es ist nur natürlich, dass wir diesem Konflikt zum Opfer fallen, da dies mit der Grund dafür ist, weshalb wir hierher gesandt wurden. Es ist fast wie wenn man Boten in den Raum hinaus senden würde, um diejenigen zurückzuholen, die den Weg verloren haben! Wir sind alle Botschafter, Schüler und Lehrer, die aus den Reichen des ewigen Lichts gekommen sind, um in die Gebiete von teilweiser Dunkelheit einzutreten. Dies um dort Leben zu manifestieren und diese ganze Lebenswelt dann zu erhöhen und zurückzubringen, hinein in reine Schöpfung. Hier sehen wir, wie wir das, was wir planetare Wirkungen nennen, erleiden müssen. Was immer der Planet durchmachen muss, welche Kämpfe oder Konflikte er auch erfährt, das müssen auch wir erfahren. In anderen Worten, wenn wir auf Erden inkarnieren, übernehmen wir planetares Karma: Wir übernehmen das ganze karmische Muster des Todes. Wir übernehmen eine grosse Verantwortung, doch hinter uns und vor uns liegt eine bezaubernde Welt zukünftiger Schöpferkraft.

Hier stehen wir, bereit, die Zukunft zu erschaffen. Wir müssen das Wissen um unsere Bestimmung lebendig erhalten, denn ein Verlust von Wachheit ist eine grosse Tragödie: Der ganze Körper verliert dann seinen ursprünglichen Schwung. Trägheit kehrt ein und Gott und alles andere, sogar das vage Wissen, das noch im Unterbewusstsein vorhanden ist, wird als Illusion betrachtet, als Modeerscheinung, als Täuschung. Dies ist eine Umkehr des Lebensmusters: Anstatt die spirituelle Welt als Realität zu sehen, wird sie als Illusion betrachtet.

Wenn der Körper als Realität gesehen wird und die Bereiche der Seele für Phantasien, für Träume gehalten werden, kehrt sich das ganze Lebensmuster um – was oben war, liegt unten, und das Untere ist zuoberst! Diese Art zu denken kann nur Armut und

Mangel erzeugen, wohin immer sie sich richtet. Was immer sie berührt, wandelt sich in Krankheit, in Verbrechen, in Leiden. Menschen, die mit solchen Aspekten zu tun haben, häufen oft grosse Vermögen an, oder sie erreichen Machtpositionen. Doch es liegt in der Natur dieser Dinge, dass sie vorübergehen, ebenso wie der Körper und die Psyche, die sie geschaffen haben. Und im Moment des Todes kommen dann schreckliche Gewissensbisse auf wegen der grossartigen Möglichkeiten, die sie verpasst haben, weil das Ego sich weigerte, seine wahre Verantwortung zu übernehmen.

Ich möchte, dass du fühlst, wie du Teil dieser grossen Lichtkraft bist. Dass du ein Kind bist, das in einer Wiege aus der Essenz dieses Lichts liegt, aus diesen Strahlen, die stetig fliessen und nähren und versorgen, voller Fruchtbarkeit, Kreativität, Ursprungskraft – dass du ein Botschafter und ein Schöpfer bist. Deine Gedanken, deine Handlungen und Worte gehören alle zu einem schöpferischen Muster, das weiterziehen und dir folgen wird, auch dann noch, wenn du schon lange gegangen bist. Die Schöpfung hört nicht auf, nur weil wir sie vergessen. Jedes Lebewesen, das mehr in sie hinein legt als es aus ihr bezieht, erfüllt zumindest einen Teil seiner wahren Mission.

Wenn wir aus dieser inkarnierten Form hinaustreten und eintreten in die Ebenen voller Wahrnehmungskraft, vollen Erwachtseins, dann schauen wir zurück auf den Weg, den wir während unserer Inkarnationserfahrung gegangen sind. Wir werden diesen Weg ebenso deutlich sehen, wie wenn wir auf Spuren im Sand zurückschauen würden. Lass dies nicht zu einem Moment des Bedauerns werden – des Bedauerns dessen, was du nicht getan hast: der Gelegenheiten, die du nicht gepackt hast; der Argumente und Begründungen, die du dafür angeführt hast, dass du es nicht getan hast; der Entschuldigungen aus Bequemlichkeit; der Ausreden deines Intellekts und der Genugtuung deines Stolzes.

Das Verschwenden eines Erdenlebens, das Verschwenden eines Abschnitts einer Inkarnation ist nicht nur eine Tragödie für die Menschheit, sondern ist eine Tragödie für alles Leben in allen Sphären, und nicht weniger für den Ursprung all dieses Lebens – für den Schöpfer selbst. Schau genau hin und erkenne, ob du ein offenes oder ein eingeschlossenes Leben führst. Ob du das, was sich abspielt, mit anderen teilst oder ob du es einfach geniesst! Ob du nur ein Passagier bist, der auf dem Floss der Zeit reist, bis der Moment der Trennung kommt, oder ob du zu einem Teil der Belegschaft dieses grossartigen Raumschiffs gehörst, auf dem wir jeden Tag Tausende von Kilometern reisen. Es hat seinen Platz im höheren Plan, es hat seine Position in der Zeit, in Verbindung mit den Sternen und allen Systemen, die wir kennen und die wir nicht kennen. Die Welt bewegt sich auf eine wichtige «Verabredung» zu. Wird diese Verabredung nicht eingehalten, dann fürchte ich, wird dieser Planet zerfallen und viele Leben müssen auf einer tieferen Ebene von neuem begonnen werden und sich zurückarbeiten zu jenen grossartigen Sphären des Lichts, die verloren gegangen sind.

Wie du denkst, so lebst du. Das Gedanken-Leben ist weit wichtiger als das Sprach-Leben. Wenn du an etwas denkst, dann kreierst du es bereits. Die Kräfte der Gedanken sind auch die Kräfte des Lichts, und manche Menschen strahlen die lieblichsten Gedanken-Bänder aus, Wellen gehen von ihnen aus, Licht, leuchtende Farben in allen Tönen. Andere strahlen dunkle, hässliche braune Striche aus, und es gibt überhaupt wenig Licht um sie herum. Sie verströmen eine bedrückende Form von Besitzergreifung in das Lebensmuster hinein, eine habgierige Macht, die schädlich ist, sowohl für sie selbst wie auch für die gesamte Geschichte.

Friede ist eine Kraft, die durch ständige Bemühungen aufrechterhalten werden muss. Ein Verstand oder eine Seele, die in Frieden

90

ist, lebt in Harmonie mit den Naturgesetzen. Wenn sie sich mit diesen Gesetzen in Konflikt befindet, ist sie nicht in Harmonie mit dem Leben. Krankheit oder Disharmonie tritt auf, wenn die Seele nicht verbunden ist mit ihren natürlichen Kraftquellen der Inkarnation. Wenn wir mehr wüssten über den Grundstoff sowie die Strahlen der Seele, könnten wir die Spitäler und die Krankheits-Institutionen leeren. Dies indem wir erkennen, dass es sich nicht um Krankheiten des Körpers oder des Fleisches handelt, sondern um die Auswirkungen einer gequälten Seele, deren Lebensbestimmung verzerrt und verdreht wurde. Das Unglück, welches die Menschheit plagt, kommt nicht von Gott, es ist eine Manifestation der Menschheit selbst. Wir verursachen all diese Beschwerden und Krankheiten, wir verursachen die Hungersnöte, denn unser Denken bereitet den Boden für ihre Manifestation. Wenn die Welle des Verbrechens hoch geht, geschieht dies nur, weil wir unsere Freizeit vor allem damit verbringen, die Abgründe der Gesellschaft zu betrachten und uns dadurch unterhalten zu lassen. Wenn unsere ganze Freizeit gefüllt wird durch Kriminalfälle, psychische Störungen, Krankheiten und all die Unglücksfälle und Tragödien der Welt, erhalten wir diese Tragödien energetisch aufrecht und verursachen mehr davon. Unsere Bestimmung auf Erden besteht nicht darin, uns in Form von zeitraubender Unterhaltung den niedrigsten Auswüchsen menschlichen Leidens zu widmen. Wir sind geschaffen und ausgerüstet für etwas sehr viel Schöneres und für einen höheren Zweck als um unsere Zeit zu verschwenden in den Niederungen des Verbrechens und in menschlichem Elend.

Nur wenn wir vorwärts schauen ins wahre Licht kann die Kraft der Transformation wirken. Transformation von negativen Gedanken sowie die Rückverbindung der Lebenskraft der Seele mit ihrer Quelle können den Menschen gesund machen. Nichts anderes. Heilung ist also eine Wieder-Ausrichtung von Seele und Geist auf die Quelle, aus der sie genährt werden, auf ihre Kraft, auf den Ort ihrer Herkunft – und wenn dies geschieht, kann wahre Heilung geschehen. Unfriede ist unnatürlich und tritt auf, weil das inkarnierte Leben seinen Weg verloren hat. Es wurde fehlgeleitet oder seine Erfahrungen übersteigen das, was es handhaben kann, und es benötigt praktische Hilfe von den regenerierenden Kräften.

Die Bedingungen des Lebens sind gegeben, bevor wir kommen; doch während unseres Aufenthalts auf Erden erstellen wir die Lebens-Bedingungen für die Menschen, die nach uns kommen werden. Wir leben heute die Gedanken der Generationen vergangener Zeiten. Sie haben uns als Erbe ihre Gesetze gegeben, ihre Regeln, ihre Stagnationen, ihre Steuern und Schulden. Dies alles wird, ob wir es wollen oder nicht, von einer Generation zur nächsten weitergegeben als eine Art sozialer Verpflichtung, und eine Menge davon sollte niemals übertragen worden sein. Wenn die Jugend sich weigert, diese verheerende Verpflichtung zu übernehmen, können wir niemand anderem die Schuld daran geben als uns selbst. Denn die jungen Menschen erkennen tief innen in ihrer Seele, dass sie hierhergekommen sind, um mehr zu tun, als nur die Unordnung aufzuräumen, die eine Generation hinterlassen hat, welche zu faul und zu unfähig war, selbst aufzuräumen. Bei rebellischen Jugendlichen sehen wir, dass sie gegen die Hinterlassenschaft rebellieren, gegen die träge Materie, gegen das ganze Gewicht nicht empfangener kreativer Lebenskraft, das sie geerbt haben, ob sie es wollen oder nicht. Die Jugend kommt direkt von zu Hause. Sie ist viel frischer, als wir es sind. Wir sind ein wenig ramponiert, wir haben den Weg ein bisschen verloren, viele unserer Körper sind ziemlich abgetragen und hinfällig. Wir sind wie alte Krieger, ein wenig narbig und verbraucht – doch dies ändert nichts an der Tatsache, dass wir noch immer geistig leuchten sollten.

Über das Licht erkennt man, was ein Mensch wirklich ist, und in der therapeutischen Arbeit nehmen wir dieses innere Licht in den Menschen bewusster wahr. Wir können die verschiedenen Grade ihrer Licht-Sensitivität sehen und wissen sofort, ob es ihnen wieder gut gehen wird oder nicht, ob es eine lange, harte Reise wird oder eine heftige, kurze. Das Wichtige dabei ist, dass diese Lichtkraft, die wir bei der Geburt mitbringen, unsere Vor-Bestimmung, also nicht nur ein Licht für uns selbst sein kann – sie kann ebenso ein Licht für die Wege vieler anderer Menschen sein. In Tat und Wahrheit gibt es so viele verdunkelte Wege, dass es nicht genug Menschen gibt, deren Licht brennt. Nicht genug Menschen, die denken können und die durch ihre Art zu leben demonstrieren, dass sie wahre himmlische spirituelle Wesen sind, aus einer anderen Sphäre stammend, und dass sie gekommen sind, um die Welt ein bisschen besser zurückzulassen, als sie sie vorgefunden haben, und nicht noch mehr Abfall, mehr Schulden und mehr Schande zu hinterlassen.

Fühle, wie du schon oft vom Ort deiner Geburt zu den verschiedenen Dimensionen und Ebenen und Sphären gereist und wieder hinübergegangen bist. Du bist uralt, endlos, und doch ewig jung. Hier auf Erden befindest du dich im niedrigsten Schwingungsbereich und bereitest dich auf den Aufstieg vor, den Aufstieg zu den Ursprüngen, zum grossen Licht der himmlischen Heimat, die dich willkommen heisst.

Wir können nicht erwarten, dass wir uns auf Kosten eines Anderen entwickeln. Wir können keine billige Erlösung erwarten oder dass jemand anders unsere Schulden bezahlt. Wir dürfen nicht erwarten, dass jemand anders verlieren wird, damit wir gewinnen. Eigentlich sollten wir das Leben so betrachten wie ein Buchhalter sein Kontoblatt betrachtet, das die Bilanz der Konten und somit Verlust und Gewinn zeigt. Ob wir unsere Konten in eine ausgewogene Bilanz bringen können – dies weiss einzig und allein die Seele. Wenn wir die Weltereignisse betrachten, brauchen wir mehr

Menschen, die spirituell denken. Sogar wenn wir die Wahrheit nur vage wahrnehmen, wird uns dies helfen, neu zu denken, im Sinne klarer Richtlinien für neue Schöpfungen und neue Konzepte. Das Denken der Neuen Zeit erarbeitest du jetzt, weil du lebst. Du hast begonnen, sichere Grundlagen zu legen, dafür wurdest du geschult. Gaben und Talente sind dir gegeben worden, nicht als sichtbare Formen, sondern als unsichtbare Kräfte, die entwickelt werden können, wenn du den Willen und das Verlangen hast, dies zu tun.

Jede Ebene findet ihr Zentrum des Seins in den höheren Ebenen angelegt. Wie oben, so unten. So wird die Gottheit immer wieder erzeugt in die äusserst bewusste Seele des Lebens hinein. Jede Gruppe auf jeder Ebene wird aufgrund eines spezifischen Aspekts ihrer Bestimmung zusammengestellt. Gemäss ihrer Bestimmung wird sie mit bestimmten Denkschulen verbunden, mit bestimmten Arten des Wirkens, mit bestimmten Teilen des Plans. Feinstoffliche Gruppen werden menschlichen Gruppen zugeteilt, deren Schutz sie übernehmen, die sie nähren und versorgen mit allem, was sie brauchen, um das zu entwickeln, wofür die Seele gekommen ist.

Wir sind die Gruppen des Ordens der Weissen Bruderschaft. Dies ist die Quelle unserer esoterischen Verbindung und auf den höheren Ebenen liegt der Weisse Tempel. In diesem Tempel gibt es ein Kraftzentrum, das Verbindungen zu vielen, vielen Formen des Lebens hat – nicht nur auf unserem Planeten, sondern auch auf der Venus, auf dem Mars, auf Neptun und vielen anderen Planeten und in andere Dimensionen, die wir zurzeit nicht einmal mit Namen kennen. Von dieser grossen weissen Insel aus senden diese strahlenden Kräfte ihre Nahrung und ihre Erinnerungen. Sie erinnern dich daran, dass du dazugehörst, dass du nicht hier bist, um deine Zeit zu vergeuden. Sie geben dir eine kleine Ermutigung mit auf den Weg, ein bisschen Nahrung, ein bisschen Wissen, ein bisschen Erweiterung, ein bisschen Vertiefung. Denn deine Lehrer auf den höheren Ebenen sind genauso eifrig darum bemüht wie du, vielleicht noch mehr, dass sie, wenn du zurückkehrst, gute Nachrichten überbringen können. Nachrichten über einen, der eindeutig auf dem Pfad der Erleuchtung wirkt, der dem grossartigen Kreuz des Lichts dient und der die Grundlagen dafür legt, dass der Planet Erde nicht zerfallen muss, sondern dass er belebt wird. Dies durch Seelen, die gelebt und gekämpft haben durch ihre eigenen Fähigkeiten, ihr eigenes Leiden, ihr eigenes Ausgesetztsein, ihr eigenes Verlangen zu dienen, zu wirken, zu sein.

Du bist die Erlösung. Du bist das Denken der Neuen Zeit, durch dich erblüht es, durch dich wächst das Wissen. Die Jugend sollte in ihrer Rebellion ermutigt und angeleitet werden. Und wir sollten überdenken, was wir ihr geben, um sicher zu gehen, dass die Neue Zeit nicht beeinträchtigt wird oder verspätet anbricht infolge unserer Selbstbezogenheit, unserer Faulheit oder Feigheit.

7
Einweihung durch Erfahrung und Leistung

In der geistigen Arbeit entdecken wir ständig neue Facetten unseres eigenen inneren Selbst, und es ist die Einweihung durch Leistung, durch die sich der wahre Seelenfortschritt in einem Leben zeigt. Einfach gesagt, es geht um Lernen durch Tun, nicht nur mittels Theorien. Durch direkte Erfahrung treten wir in eine wahre Seelenbeziehung mit dem Weltgeschehen und kommen auch in Kontakt mit einer höheren Ebene als nur mit der Ebene des Körpers, des Fleisches. Auf der niederen Ebene leiden wir an dem, was wir den Versagensaspekt der Menschenfamilie nennen. Der Erfolgsaspekt ist dem Teil in uns eigen, der höher schwingt und dadurch erreicht, dass die spirituelle Natur die physische Natur lenkt. Wir werden in zahlreiche Inkarnationen eingekleidet und wir tragen unsere Inkarnationen wie farbige Gewänder. Manchmal können wir sie sehen und fühlen wie einen entfernten Hauch, weil der Seelenkörper selbst sehr schön ist. Deine wahre spirituelle Gestalt unterscheidet sich sehr stark von der Persönlichkeit, die du als dich selbst kennst.

Der Geist ist absolut, ist überlegen an Reinheit und Anmut, doch er ist nicht immer reich an irdischer Erfahrung. Anmutig und rein und hübsch und lieblich zu sein in einem Bereich, in dem alles lieblich, rein und anmutig ist, verlangt keine grosse Anstrengung. Doch da wir Schüler des Universums sind, werden wir durch und auf viele Systeme vorbereitet, die jenseits dieser Bereiche liegen. Deshalb ist es notwendig, dass sich die geistige Energie in uns in die dichten Schöpfungen hinein begibt, dass sie die Felder des lieblichen

Schutzes hinter sich lässt und in den Strudel der primitiven tierischen Kraft eintaucht. Eine Inkarnation in einem physischen Körper anzutreten, ist an sich ein grosses Opfer, ein Opfer, das wir nie völlig würdigen können, bevor wir nicht in unsere ursprüngliche Form zurückgekehrt sind.

Jede Inkarnation bedeutet, dass wir an der Evolution teilnehmen, nicht auf ihrer primitivsten Stufe, sondern auf der Ebene, auf welcher der Geist in Verschmelzung mit der Seele wirkt. Die meisten unserer Krankheiten sind eine Folge der Abspaltung vom spirituellen Kraftstrom und der Isolation des Seelenteils, der in einen menschlichen Körper eingeschlossen wird. Es ist fast wie wenn wir mit einer Fernbedienung arbeiten würden – wie wenn unser wahres Selbst weit weg wäre, und dieses nahe Selbst, mit dem wir jetzt zu tun haben, eine schlechte Kopie unserer wirklichen Eigenschaften ist. Manchmal kommt dies zum Ausdruck, wenn wir uns im Alltag frustriert fühlen. Wir nehmen die Brutalität, den Lärm, den Egoismus wahr, wir erkennen, wie gnadenlos wir den rohen Kräften der niedrigeren Schöpfungen des Menschen ausgesetzt sind. Diese Erkenntnisse sind vielleicht Momente der grössten Gefahr, weil sie Perioden des Rückzugs sind. Rückzug von einem Konflikt stellt eine grosse Versuchung dar, denn die meisten von uns würden gerne einen Grossteil der Verantwortung abgeben oder die Umgebung und die Umstände drastisch verändern. Viele würden auch gerne versuchen, aus Armut und kranken Körpern zu fliehen. Die meisten von uns würden gerne der Armut des Geistes entfliehen. Doch es gibt kein Entkommen, es gibt nur das sich Durcharbeiten, denn bis die Disziplinierung des niederen Selbst auf den verschiedenen Ebenen erreicht ist, errichtet der Geist selbst Schranken. Die inkarnierte Seele kann nicht weiterschreiten, kann nicht über die tierischen Kräfte hinaus gelangen, bis sie nicht durch die äusseren Elemente geformt, gezügelt, geschult und eingekleidet worden ist, um das geistige Fortschreiten auf andere Planeten und Sternensysteme zu ermöglichen.

Der Gedanke, der Geist errichte eine Schranke, erscheint merkwürdig. Doch ist diese eigentlich die Kraft des Ausdrucks von Ausgesetztsein, einer direkten, rohen Weisheit ausgesetzt zu sein. Dies
ist das Verlangen einer inkarnierten Seele – ein enormes Investie-
ren der eigenen Lebenskraft. Viele dieser Lebenskräfte enden in
einer Tragödie, oder in einer scheinbaren Tragödie. Es sieht beinahe so aus, als ob die Verausgabung zu gross wäre. Dies ist oft der
Grund für Suizid und Alkoholismus, für Drogensucht und andere
Formen des Rückzugs. Die Seele kann nur über die Sinne wirken,
und die Sinne gehören zur Kommunikation zwischen Verstand
und Seele. Jede unangebrachte Überaktivität der Sinne kann eine
Schwächung der Seele in der Inkarnation verursachen. Wenn sich
solche Exzesse entwickeln, wird die Seele weiter geschwächt und
die ganze Inkarnation ist mehr oder weniger ruiniert, da die Vision fehlt, mit der diese Inkarnations-Aufgabe angetreten und inspiriert wird.

Dies kann aus Gründen irdischen Versagens sein, und manchmal,
wenn dise sehr ausgeprägt sind, fällt ein Leben um viele Inkarnationen zurück. So können auf Erden materieller Reichtum oder andere Gewinne und Vorteile egoistisch erworben werden. Dies sind
dann die Leben, die durch Extravaganzen, Betrügereien, Ruhm
und Macht grosse Bekanntheit erreichen. Doch der wahre Irrtum
eines solchen menschlichen Lebens besteht darin, dass das Vergnügen aus einer dreidimensionalen Quelle bezogen wird, dies
auf Kosten seiner höheren Kräfte. Auf den höheren Ebenen wird
dies als eine der grössten Tragödien betrachtet, die einen menschlichen Geist befallen können

Wir brauchen nicht eine bestimmte Höhe oder Tiefe zu erreichen.
Es ist wichtig zu sehen, dass das Bewusstsein der Erfahrungen eigentlich eine stetige Einweihung ist. Wenn wir die Einweihungen
als Prüfungen von Erfahrung und Wachstum sehen, Prüfungen

der Kraft, der Disziplin und dessen, was wir bereits wissen, dann ist es möglich, all dies auf die Probe zu stellen, bevor wir die nächste Stufe der Kraft betreten. Diese Prüfungsmethode wird von den Menschen angezogen, um herauszufinden, ob sie fähig sind, grosse Verantwortung zu übernehmen oder weiterzukommen. Im esoterischen Bereich erkennen wir viele Grade von Herausforderungen, wovon einige sehr extrem sein können. Sie kommen nicht als Krankheit, nicht als Gebrechen, nicht als Versagen, sondern als Einweihung durch die Seele selbst, welche die Kraft des Wachstums prüft. In diesem Fall sind wir unsere eigenen Richter, unser eigenes Gericht, und manchmal können wir über die eigenen Kräfte hinauswachsen. Die Versuchung von Geld, die Versuchung, etwas zu leicht zu nehmen, ist stark während diesen Einweihungen, so dass wir vielleicht im Moment unseres grössten Erfolgs genau den Moment unserer grössten Schwäche erfahren. Daher benötigen wir etwas mehr als nur eine visuelle Betrachtung der menschlichen Probleme. Wir müssen beginnen, sie als Teil eines grossen sich entfaltenden Mysteriums der immerwährenden Lebenskraft zu sehen. Was hier und jetzt geschieht, hat nicht nur eine sofortige Wirkung, sondern bildet die Vorbereitung auf die Zeit, in der die Seele die verschiedenen Momente der Einweihung durchläuft, um ihre Tiefe zu finden, um ihre Festigkeit zu stärken und ihre Weisheit zu leben.

Leider sind wir so erzogen, dass wir alles Unangenehme oder jede Unpässlichkeit als Pech oder Unglück betrachten: Da ist uns etwas zugestossen, das schlecht für uns ist! In einem geordneten Universum ist das nicht so. Wir bringen bestimmte Kräfte und Mächte in Aktion durch unsere Art des Lebens und Handelns. Wie diese Kräfte und Mächte auf uns reagieren, ist vollumfänglich durch unsere Absicht bestimmt. Also folgen Einweihungen oft einem tiefen Wunsch nach spiritueller Kraft; doch ist dieser Wunsch stark genug, um die einzelne Einweihung zu überleben?

Hier müssen wir wiederum unsere innere Sicht erweitern und erkennen, dass evolutionäres Wachstum oder die Entfaltung der Seelenkräfte durch das mental-physische Leben nicht etwas sofort Erreichbares sein kann. Nein, es handelt sich um ein langsames Wachstum, ist ein Versuch der Menschenfamilie, die sich scheinbar abmüht und herumtastet, ohne irgendwohin zu gelangen. Opfer werden gebracht, doch es kommt nichts zurück – an der Oberfläche der Alltags-Angelegenheiten wird nichts besser und alles in allem scheint nichts zu geschehen. Doch auf der unsichtbaren Ebene des wahren Musters der inneren Bestimmung ist diese Betrachtung irreführend. Wir dürfen uns nicht vom Wesentlichen ablenken lassen, indem wir nur die sichtbaren Fakten anerkennen.

Viele Menschen suchen nach Kraft: der Kraft zu heilen oder zu segnen, zu schreiben, zu fliegen, sich etwas anzueignen. Doch wie immer diese Kreativität auch genannt wird, sie ist willkommen, vorausgesetzt sie führt zu Wachstum und Ideenreichtum. Wir nennen es intuitive Imagination. So sind Musik, Kunst und Kultur, ist die Herstellung von Maschinen, das Bauen von Häusern, das Kreieren von Kleidern und all die vielen Variationen, die ein Ausdruck des menschlichen Vorstellungsvermögens sind, sehr wichtig für das Seelenwachstum. Wo es an Gestaltungskraft fehlt, an Kreativität, um ein System zu erneuern und zu verbessern, ein Buch neu zu gestalten, neue Farben und Ideen zu entwickeln, neue Formen, neue Konturen, neue Poesie, wo immer es an diesem Ausdruck nach aussen fehlt, da sehen wir, dass die Seele in der Inkarnation in eine Art Sumpf der Verzweiflung gerät.

Imaginative Schöpfung ist eine Eigenschaft der Seele. Wenn wir diese Fähigkeit verlieren, wird das Leben nicht nur stumpfsinnig, sondern ziemlich wertlos, denn Kreativität ist ein Motor. Wir können auf der mechanischen Ebene kreativ sein. Wir kreieren ständig im Denken. Wir kreieren sogar durch unsere Wünsche, denn der Gedanke ist das Gewebe alles Stofflichen. Eine Stadt besteht aus in Zement geformten Gedanken. Eine Idee ist die Linie der Gedankenform einer Person. Eine Erfindung ist die Einstimmung auf einen inneren Plan, auf eine erweiterte Anwendung. Auf was wir diese imaginative Intuition oder Kreativität der Seele richten, ist nicht wichtig, vorausgesetzt ihre Anwendung stellt Arbeit und Material zur Verfügung, um die Seele vor der Langeweile eines Nicht-Lebens zu bewahren und sie zu befreien.

Wenn wir uns umsehen, nehmen wir viel Seelen-Langeweile wahr, da es eine Menge von Nichts-Tun gibt. Es heisst nicht, dass wir immer unsere Muskeln oder unsere physischen Energien und Kräfte einsetzen müssen. Wir können auch Verstand und Geist aktiv anwenden, sei es in tieferem Nachdenken oder indem wir uns ausdehnen in den Kosmos, in das Herz, hinaus in andere Dimensionen, Leben und Sphären – einfach alles, was diese träge Dichte durchbricht, die fast zur Klaustrophobie wird, die der Geist erleidet, wenn er durch die Seele in das menschliche Fleisch hineingebracht wird.

Hier sollten wir Kontinuität auf eine weise Art betrachten. Kontinuität ist, wie der Tod, einfach ein anderer Zustand von Aktivität. In der Kontinuität ist kein Tod möglich, es gibt nur verschiedene Zustände von neuen Aktivitäten, und daher sollten wir uns nicht einsperren lassen von der Idee des Alters. Das Wort «Altern» deutet ein Nachlassen von Kreativität an, aber auch eine neue Form von Fürsorge oder Interesse für die Menschheit als Ganzes. Doch schauen wir einmal, was in einem inkarnierten Leben geschieht. Wir kommen nicht auf die Erde, um unseren Charakter zu geniessen. Wir kommen hierher, um gemäss bestimmten Anforderungen Kraft zu entwickeln, Kraft, die wir brauchen für neue Aufgaben, die auf einer höheren Ebene dieser spezifischen Wachstumslinie auf uns warten. Daher gibt es hinter jeder Serie von Erfahrungen ein bestimmtes Muster, ein Muster, das seinen Grund hat, seinen Zweck, seine Funktion und das der physischen Persönlichkeit oft widerstrebt.

Dies muss richtig verstanden werden. Die Körper-Persönlichkeit wird durch die Sinne geformt. Die Seele selbst ist eine Manifestation des Geistes. Und gleich wie wir beim physischen Tod die Körper-Persönlichkeit aufgeben, so geben wir letzten Endes auch die Seelen-Individualität auf. Doch jedes Mal, wenn wir eine Form erstellen und kollektive Vernunft und Intelligenz in sie einbauen, kann diese Form übernehmen und kann auf ihre eigene Art einen bestimmten Typ von Denken annehmen. Dein Körper zum Beispiel denkt für sich selbst, handelt für sich selbst und hat seine eigenen Gewohnheiten, seine eigenen Mechanismen und Funktionen, dies völlig abgekoppelt vom menschlichen Verstand. Sehr oft wird die menschliche Persönlichkeit so stark, dass sie übernimmt und den Platz der Seele einnimmt. Sich vorzustellen, dass Gedankenformen so stark sein können, dass sie zu einer Kraft oder einer Persönlichkeit werden, die unser Leben übernehmen kann, mag merkwürdig erscheinen – doch nicht, wenn du die Chemie des Denkens verstehst, das Karma, durch das die Denk-Strukturen ins Stoffliche hinein gebildet werden.

Nichts existiert im äusseren Raum der Materie ausser es wurde zuerst in den Gebärsaal der Gedanken hineingeboren. Die Wiege aller sichtbaren Substanzen, irgendeiner Form oder Gestalt, wird zuallererst durch den Gedanken gebildet und geformt. So wurde alles, was wir in der Form und Gestalt der Persönlichkeit sehen und erfahren, voraus-gedacht und voraus-gewünscht. Dies ist ein Voraus-Druck, ist eine Blaupause der Persönlichkeit, bevor sie sich wirklich aus einem viert-dimensionalen Zustand in der dritten Dimension manifestiert. Stell dir vor, dass die spirituelle Seele und die physischen Kräfte aus einer gewaltigen Kraft hervorgehen und dass sie primitive Lebenskräfte aufnehmen und verkörpern, die während unermesslichen Äonen auf Erden gelebt haben. Der Körper übernimmt die latenten Lebensbedingungen der niedrigeren evolutionären Materie. Wenn wir dies in Betracht ziehen, ist das Eintreten in einen Körper und das Übernehmen seiner Kräfte – oft voller Verwirrung und Widersprüchlichkeiten – wirklich eine Prüfung, und es ist wunderbar, dass wir dabei sogar überleben!

Wir sind nicht nur Geschichte, sondern wir sind alles Leben, das je gelebt hat. Wir sind alle Teile des Ozeans, die ihre eigenen lebendigen Körper aufgegeben haben, um aufs Land zu gehen. Lange bevor eine Seele diesen Planeten betreten hat, war er durch die niedrigeren tierischen Wesen bevölkert. Diese haben den Planeten vorbereitet, haben geholfen, die verschiedenen Organismen zu schaffen, die Mineralien und alle die vielen Quellen der Natur; und als sie einen bestimmten Grad der tierischen Kultur erreicht hatten, war der Planet bereit, von Seelen bewohnt zu werden.

Merken wir uns dies gut: Wir stammen nicht von Affen ab. Wir sind keine tierische Spezies, wir sind Seelen, die eine tierische physische Form bewohnen. Die erste und die zweite Dimension sind jene Aspekte des planetaren Lebens, die durch ihr Wirken ihre Formen über Äonen und viele Zyklen geändert und so den Planeten für menschliche Seelen bewohnbar gemacht haben. Denk daran, dass Mikroben und Bakterien die Erzeugnisse weiter Ozeane in der Zeit sind, erhalten durch chemische Kräfte im Herzen der Erde und der Ozeane. Der Brennstoff, den wir brauchen, ist das Ergebnis riesiger Wälder aus unzähligen Zeitaltern, die über die Zeit durch enorme Gletscher weggefegt wurden und die den Brennstoff bildeten, den wir heute als Kohle kennen. Wenn wir das irdische Feld betreten, nehmen wir viele dieser Elemente in unsere Persönlichkeit auf, und wir müssen diese Menge von sich entwickelnden Kräften als Teil unserer menschlichen Natur akzeptieren. Da wir alle in einem Körper verkörperte Evolution sind, muss eine Seele, die in diesen Körper eintritt, entweder eine wirkliche Partnerschaft mit diesen Kräften eingehen, oder es entsteht ein Konflikt. Die Konflikte zeigen sich in den durch Kriege, Krankheiten und durch Hungersnöte verschwendeten Zeitaltern der Zivilisation. Sie zeigen sich in der Zerstörung der Erdoberfläche, in den Naturkatastrophen. Diese Dinge sind Konflikte zwischen den Seelen jener Zeit und den Naturkräften. Und dieses Zusammenspiel ist auch heute noch nicht gelöst. Diese enormen Kräfte der Naturelemente sind immer noch in der menschlichen Natur enthalten. Sie formen einen Grossteil unserer grundlegenden Impulse, unserer Wünsche, unserer Zwänge, unserer primitiven Gefühle; sie können uns hin- und herschaukeln, und wir können sie alle mit der eigenen Persönlichkeit verwechseln. Wenn wir also die Einweihung durch Erfahrung suchen, indem wir durch das Tun lernen, dann gerät die körperliche Kraft in einen enormen Wirbel von beinahe unkontrollierten Kräften. Wir müssen damit rechnen, dass wir ein wenig herumgestossen werden, dass wir an der Bewusstseinserhöhung der ersten und der zweiten Dimension teilhaben und es darum geht, deren Bewusstsein schliesslich in die dritte Dimension zu erhöhen und deren Essenz an die vierte weiterzugeben.

Dies bedeutet nicht nur lebenslängliche Arbeit, es bedeutet auch Inkarnationen, in denen der Mensch zu völlig neuen Erkenntnissen gelangen wird. Wenn wir also einen Menschen am Wegesrand sehen, der versagt oder fällt, oder wenn wir das Unwissen, die Sorgen und Tragödien vieler Seelen sehen, denen es nicht gelungen ist, ihre Einweihung in die Kraft zu bestehen, dann können wir ganz im Ernst sagen: «Wir alle wandeln in der Gnade Gottes – auch du und ich.» Wir alle bestehen aus demselben Stoff. Wenn wir nicht einen steten Fluss spiritueller Kraft aufrechterhalten können, der in die menschliche Form fliesst, dann bricht diese zusammen. Je weiter sich der Mensch von der Quelle des geistigen

Seins entfernt, umso materieller wird er in den niedrigen tierischen Kräften. Daher nehmen Kriege, Seuchen und Hungersnöte zu, wenn die Spiritualität des Menschen abnimmt. Dies bedeutet, dass Armut im Geiste schliesslich zur Armut des Menschen führt.

Doch wir wollen eine erweiterte Perspektive einnehmen, indem wir die Geschichte und die Evolution im Licht des Seelenwachstums betrachten; denn es geht um Sinn und Zweck dieses Wachstums. Daher ist es nicht wichtig, was geschehen ist und was sich ereignet hat oder was wir in der Vergangenheit an Gutem oder Schlechtem getan haben. Wichtig ist, was wir jetzt tun! Jetzt haben wir Gelegenheit, unsere Tafel zu putzen, während wir gleichzeitig den Grundstock für bessere zukünftige Leben legen. Doch wir können dies nur mit grossem persönlichem Einsatz und Disziplin tun – und niemand anders kann es für uns tun.

Ich habe einst mit einer Seele gesprochen, die eine sehr düstere kriminelle Vorgeschichte hatte. Als ich sie über ihre lebenslängliche kriminelle Vergangenheit befragte, sagte sie: «Ich war nicht für das Verbrechen da; ich ging da hin, um eingeweiht zu werden in die Gedanken, das Unglück, die Tragödien, den Kummer, mit denen Gefängnisse angefüllt sind. Denn wir gehören zu den Arbeitern der Neuen Zeit, die beschlossen haben, ihre Leben auf den höheren Ebenen der Erlösung jener zu widmen, die geplagt sind, die unerwünscht, eingesperrt, vernachlässigt und verängstigt sind.» – Wer sind wir, dass wir beurteilen könnten, wer ein Wolf im Schafspelz ist? Der Grösste ist vielleicht der Geringste und der Geringste der Grösste.

Bei der Einweihung durch Leistung können grosse Seelen bestimmte Bereiche durchlaufen, in denen sie den niedrigeren Lebenskräften ausgesetzt sind; je besser sie diesen dienen, umso besser verstehen sie sie. Wir können nicht das Mass von menschlichem Erfolg und

Misserfolg anwenden, wenn wir es mit den grossen Inkarnationskräften der Ewigkeit zu tun haben. Diese haben ihr eigenes Mass, ihre eigenen Werte, ihre eigenen Tiefen und Höhen. Es braucht jeden Schüler und Suchenden auf dem Weg, um diese Höhen und Tiefen zu visualisieren. Und es heisst aufzuhören, eine menschliche Antwort zu suchen auf Aspekte, die zum grossen evolutionären Prinzip gehören, das durch den Geist dieses Lebens wirkt.

Dies bringt uns dazu, das Thema Motivation etwas tiefer zu erforschen. Denn ein Motiv ist, wie ein Wunsch, ein verborgenes Gut. Leider liebt es die niedrige menschliche Persönlichkeit, immer eigene Gründe und Ursachen vorzubringen. Ohne Grund und Ursache zu arbeiten ist für sie dasselbe wie arbeiten ohne Lohn, arbeiten ohne persönlichen Wunsch. Diese Haltung zu ändern bedeutet wahrlich ein materielles Opfer von materiellen Zielen, es ist wie wenn man Brot ins Wasser werfen würde. Doch gibt es keinen grösseren Dienst, nach dem der Eingeweihte streben kann, als der Weltrasse und der Weltfamilie zu dienen und durch einen eigenen Beitrag ihr Bewusstsein zu erhöhen. Dies bedeutet, den Spuren des Meisters zu folgen. Nur Wenige sind bereit, diese Einsamkeit auf sich zu nehmen, diese Art von Mut und Kraft aufzubringen, um dann ihre Spur – sichtbar oder unsichtbar – im Menschheitsgut zu hinterlassen.

Wenn wir tiefer gehen, erkennen wir, dass die Geschichte mit den Talenten eigentlich die Erkenntnis der Gotteskraft ist, die jedem von uns zur Verfügung steht. Wir sind Samen des göttlichen Kosmos und jedes Samenkorn trägt das Potential der Gotteskraft in sich. Und dieser Same wird durch den Weltraum in die Materie gebracht, damit er wächst und sich vermehrt im Überfluss. Dafür muss er widerstandsfähig werden, er muss fähig sein, auf seiner eigenen Spur zu bleiben und sich auf seine eigenen Fähigkeiten zu verlassen. Er muss fähig sein, seine eigene Kraft zu entwickeln und darin eine neue Form von Stehvermögen zu finden, dies nicht in Isolation, sondern in der Einheit eines natürlichen Dienstes an der menschlichen Rasse auf seine ihm eigene Art.

Das heisst, niemand von uns wird auf gleiche Art und Weise dienen wie der andere. Jeder hat seinen eigenen speziellen Weg des Kommens, das Hierseins und des Heimkehrens. Es ist weise und gut, dass es sich so verhält, denn wir können nicht bloss ein Rudel halb-spiritueller Menschen sein, die sich in zielloser Wanderschaft über die grosse Hochebene des Lebens bewegen. Wir sind besondere spirituell entwickelte menschliche Wesen mit einer Mission, einer Bestimmung und einem Ziel.

Was sind die fünf Talente? Das sind jene Grundwerte, die jede Seele in einem Körper schlussendlich anstreben sollte. Sie sind recht einfach, werden mit ganz gewöhnlichen Worten bezeichnet und haben eine tiefe esoterische Bedeutung: Seher, Lehrer, Heiler, Prophet, Erlöser. Wenn du jeden dieser Wächter der Wahrheit betrachtest, siehst du, dass sie die Tore der Erlösung sind, Erlösung durch die Erhöhung der niedrigen Kräfte hin zu den Gotteskräften. Wir alle haben diese Talente – und wenn du sie nicht spürst, dann erwirb eines von ihnen bewusst. Und jedes, das du einmal erworben hast, sollst du nie mehr aufgeben. Wer nur irgendetwas erwirbt, um es wieder wegzuwerfen, wenn seine Laune ändert, denkt nicht daran, dass die Hierarchie oder die Kräfte hinter dem Universum davon Notiz nehmen. Zuverlässig zu sein, beständig zu sein – heiss, kalt, reich oder arm –, konstant zu sein in deinem Handeln mit diesen Talenten, ist vielleicht die grösste Einweihungs-Prüfung von allen.

Wir alle versuchen, das zu tun, wir befinden uns alle auf diesem Weg. Weil jede Seele sich über diese fünf Talente ausdrückt und jeder fähig ist, sie auf seine eigene persönliche Art auszudrücken, braucht die Welt keinen Erlöser mehr. Die Schande, eine grosse Seele so schrecklich zu behandeln, ist nichts, auf das man stolz sein könnte oder das man als eine Religion hochhalten sollte. Die Christuskraft war eine Lebensweise, ein Weg des Gebens, ein Weg des Dienens und ein Weg der Evolution. Doch weil das Wort «Erlöser» von den alten Essenern als Teil der fünf Talente verwendet wurde, wurde es unglücklicherweise mit dem Grossen Meister verbunden und Er wurde dann der Erlöser genannt, obwohl er eigentlich alle fünf zusammen verkörperte – und wahrscheinlich noch viel mehr.

Der Weg der Einweihung durch Leistung besteht im Lernen durch Tun und darin, während eines Prozesses nicht zu sehr zu leiden, sondern gegenüber jeder Erfahrung, und sei sie noch so gering, die richtige Haltung einzunehmen und alle Fluchtversuche, alle Ungereimtheiten zu vermeiden. Wenn wir einmal einen Pfad betreten haben, sollten wir diesen niemals wieder verlassen, wir sollten keine Entschuldigungen vorbringen und nicht nach einem Fluchtweg suchen und auch nicht versuchen, uns übermässig den sinnlichen Freuden zu widmen. Dies ist der Weg, um die Welt vor sich selbst zu retten. Zuerst durch Wenige, und von den Wenigen zu den Vielen, denn die Liebe zu Gott ist eine Reinheit, die in jedem Menschen irgendwo lebt, verborgen vielleicht, doch nichtsdestoweniger immer noch vorhanden. Jeder Teil dieser Seelen-Arbeit durch die Entfaltung der Selbstbeobachtung, der Selbstentdeckung, der inneren Arbeit, all diese Dinge, die wir aus unserem eigenen Selbst heraus tun, gehören zu den Merkmalen einer Seele, die wirklich ihren Pfad betreten hat. Einer Seele, die sich die ganze Zeit zuverlässig an ihren Pfad gehalten hat und die sich weder durch irgendwelche menschliche Argumente noch durch körperliche Nachteile, menschlichen Schmerz oder Leiden hat davon abbringen lassen, sondern die weiss, dass sich die Vision im lebendigen Jetzt erfüllt.

8
Seelengemeinschaften in verschiedenen Welten

Für die Menschen ist es nicht etwa einfach, sondern bedeutet es eine ziemliche Anstrengung, sich vom normalen Denken zu lösen und die subtileren intuitiven Wahrnehmungen zu nutzen. Dies kann nur geschehen, wenn sie im Innern die mystischen Räume betreten.

Durch Meditation können wir uns entspannen, können frei und empfänglich werden, um die Kraft des inneren Friedens zu finden und um eine Plattform für das Denken der Neuen Zeit zu kreieren. Wir verlangen nach einer neuen Dimension der Sprache und benötigen dazu eine Ebene, auf der wir von den unsichtbaren Welten sprechen und sie bewusst erkennen können. Im Körper ist es die Welt der Sinne, auf die wir konditioniert sind. Im normalen Leben sind wir auf die fünf Sinne beschränkt, doch sollten wir mit zunehmendem Bewusstsein über eine sieben-sinnige Wahrnehmung verfügen, die uns befähigt, mit den Welten der lichtvollen spirituellen Kräfte telepathisch zu kommunizieren. So können wir unser Bewusstsein stetig erhöhen, damit es das Neue Zeitalter der Schöpfung erfassen kann.

Die Seele selbst ist ein wesentlicher Teil der Denkkraft, die unter anderem in den Tiefen des Unterbewussten verankert ist, das eine wichtige Werkstatt der seelischen Schöpferkraft darstellt. Wir neigen dazu zu glauben, das Gehirn sei die Werkstatt des Denkens. Doch wir entdecken, dass dies keineswegs so ist, sondern dass es nur der Sitz des Intellekts ist, des Dieners unseres Wunschkörpers. Der Aspekt der Denkkraft, der im Unterbewussten liegt, ist ein wundervoller Mechanismus, durch welchen sich die Seele auch manifestiert. Wir existieren auf vielen Stufen und entfalten uns auf vielen Ebenen des Bewusstseins gleichzeitig. Die Seele geht keine völlige Inkarnation ein – sie inkarniert nur teilweise. Die zweckgerichtete Aktivität, die wir als unser bewusst denkendes Hirn kennen, nimmt die Informationen, die die höheren Ebenen ihm liefern, in seinem Gefäss auf und projiziert diese in die dreidimensionalen Aktivitäten hinein. Dies gilt ebenso für die bewusste Ebene der physischen Abläufe – wie essen, schlafen und körperliche Bewegung –, die einen sehr kleinen Teil unseres Lebens darstellen, obwohl wir oft glauben, dies sei unser Leben. Sogar Erfahrungen während des Schlafs sind auf einer viel höheren Bewusstseinsebene angesiedelt als Erfahrungen im Wachzustand. Wir entwickeln uns durch Vorbereitung, Schulung und Entfaltung während der Zeiten des Schlafs wahrscheinlich nutzbringender als während der äusseren physischen Arbeit. Dies könnte uns ermutigen, ein wenig früher ins Bett zu gehen und zu erkennen, dass der Schlaf sowie meditative Zeiten Schwingungsräume in der Inkarnation erschaffen, in denen die Seele sich in ihrer Schönheit wiederfindet.

Jede Lebenskraft hat eine bestimmte Aufgabe. Es gibt also kein achtloses Inkarnieren, alles ist aufs sorgfältigste vorbereitet und jene Seelen und Kräfte, welche auf den sichtbaren und den unsichtbaren Ebenen mit dir arbeiten werden, sind schon lange, bevor du die Inkarnation antrittst, ausgewählt worden. Aus diesem Grund müssen Fähigkeiten telepathischer Kommunikation zwischen den verschiedenen miteinander verwandten oder verbundenen Kräften entwickelt werden. Dies sind seelische Fähigkeiten, die wir erweitern und verstärken, während wir die verschiedenen Erfahrungszyklen durchlaufen. Einige davon sind wichtiger als andere, einige zeigen sich bereits früh im Leben, andere später. So sollten wir uns dieser Vorbestimmung der Seelenverbindungen bewusst sein. Vielleicht hast du schon Menschen getroffen oder gesehen, die du vom ersten Augenblick an gekannt hast, die du wiedererkannt hast, vielleicht aus einer lange zurückliegenden Zeit. Solche Begegnungen erscheinen wie das Echo einer Verbundenheit, einer Ähnlichkeit. Ein Gefühl von Freude oder von Trauer entsteht; auch diese Gefühle sind Teil der telepathischen Verbindungen, welche Seelen mit ihren Gefährten auf dem Pfad haben.

Neben den persönlichen und menschlichen Verbindungen oder Einheiten, gibt es andere Kräfte, die mit der Gemeinschaft der Seele zu tun haben. Sie laufen unter dem Begriff der geistigen Zuweisung. Die Zugehörigkeit, mit der wir ganz besonders vertraut sind, ist diejenige mit den Naturwesen, also mit der Kreativität der Natur. Dass wir als Erstes dem sich manifestierenden Universum der irdischen Mutter Natur angehören, mag vielleicht merkwürdig erscheinen. Doch unser biologischer Körper befindet sich in der Obhut dieser kraftvollen Wesen und wir bewegen uns im Laufe der Zeit durch ihre unterschiedlichen Kräfte und Verbindungen. In uns werden dadurch bestimmte Beziehungen zu verschiedenen Aspekten der natürlichen Schöpfung tätig. So stehen wir in der Schulung der Naturwesen, und der Mensch sowie alles organische, mineralische und pflanzliche Leben werden zu Brüdern und Schwestern des Lebens, werden zu Mitgliedern der gleichen Gemeinschaft und haben dieselben Eltern. Von den Naturwesen erhalten wir Nahrung, Luft, Wasser, Licht und alle Annehmlichkeiten der irdischen Schätze, die von diesen grossartigen Naturkräften gelenkt und erschaffen werden. Naturkräfte sind Wesen, die sich lange vor uns entwickelt haben und die die Planeten, auch die Erde, vorbereitet haben als Wohnstätte für zukünftige geistige Wesen.

So sind wir denn in gewissem Sinne durch Gott zu Lehrlingen der Natur bestimmt. Und durch diese Lehre, in dieser neuen Gemeinschaft, sehen wir die Natur nicht als fremde Kraft, sondern als Gefährten. Es ist nicht einfach zu verstehen, dass alles Leben eine Gemeinschaft ist. Doch ohne Vögel, die singen, ohne Tiere, die unsere Nahrung erzeugen – ohne Rahm, ohne Butter, ohne Milch, ohne Honig – und ohne Pflanzen und Bäume, die uns Düfte und Schönheit geben, würden wir wahrlich in einer Wüste leben.

So werden wir in der ersten Lehre zu Gefährten der Bäume, der Pflanzen, der Vögel und der Blumen. Wir erfahren sie als lebendige, feinfühlige Kräfte, die mit uns inkarnieren und leben und die mit uns unseren Atem teilen, unsere Nahrung, unsere Atmosphäre, unseren Charakter und unsere Umgebung. Dies hilft uns, das zu verstehen, was man als «grünen Daumen» bezeichnet: Die tierischen, mineralischen und pflanzlichen Naturkräfte reagieren auf so wunder-volle Art, dass wir fühlen, wie die telepathische Kommunikation mit ihnen eng und heilig ist. Es liegt eine lebendige Schönheit in dieser Art von Lernen und in diesem Gemeinschaftsleben, ohne das wir unmöglich existieren könnten. Also laufen wir nicht über Felder und durch Wälder in einem Zustand von Isolation und Ärger! Laufen wir bewusst durch die Natur – die Gärten, die Felder, die Welt, die Luft, die wir atmen – und sprechen von ihnen, wie der Heilige Franziskus es getan hat. Begrüssen wir die Naturkräfte als Gefährten unserer Seeleninkarnation. Wir alle leben, atmen und bewegen uns dank der Erzeugnisse ihrer Kreativität, dies für die Seele und für die Freude des Körpers, dies im Überfluss und in Fülle. Hier sollten wir uns fragen, was wir denn diesen Kräften und Wesen zurückgeben, die uns mit einer solchen Fülle beschenken – was geben wir zurück? Wenn wir der Essenz, dem Urgrund des Lebens nichts zurückgeben können, dann können wir ihm gegenüber wenigstens Respekt und Bewunderung ausdrücken und ein Leben voller Freundlichkeit, Güte und Liebe gegenüber den Naturkräften leben. Diese Kräfte werden durch die grossen Devas gelenkt, jene, die in den Baustoffen der schöpferischen Welt wirken, die in die planetaren Systeme eintreten, um sie als Wohnstätten für junge und alte Seelen vorzubereiten. Für Seelen, die in einem Körper der Linie des erst- und dritt-dimensionalen Lebens folgen. Ich wiederhole: Wir stammen nicht vom Affen ab. Der Körper mag sich über die physischen Kräfte entwickelt haben, doch wir, das geistige Selbst, wir stammen ausschliesslich von geistigen Quellen. Doch sollten wir mehr Respekt aufbringen für die physische Welt, die wir für unsere Evolution brauchen, und sie nicht als Mülleimer für unsere Abfälle infolge dummen und unwissenden Verhaltens behandeln.

Doch nun wollen wir unsere Gemeinschaft mit der Natur verlassen: die Seelenfreude, den Schatz des Lebens und des Schmeckens, des Geniessens, des Riechens, des Berührens – sie sind die eigentliche Essenz des menschlichen Lebens, das wir kennen. Wir wenden uns nun dem zu, was wir als die nächste Gemeinschaft bezeichnen: die Gemeinschaft der Evolution. Da sind wir in Gesellschaft grosser Seelen, die gelebt und gelitten haben, die geweint haben und durstig waren, genauso wie du und ich. Seelen, die viele planetare Systeme durchlaufen haben und denen die Verantwortung übertragen wurde für das, was wir den evolutionären Rhythmus nennen. Diesen Wesen gehört ewige Dankbarkeit, denn sie halten die Welt im Rhythmus, hüten die Gravitation, die Kräfte, die Gesetze. Sie halten die Bestimmung aufrecht, sie sind die Seher der Zukunft, sie sind unsere Meister und Lehrer, unsere Tröster für kommende Zeiten. Ihnen verdanken wir die himmlischen «Zeitmesser», die Bewegung der Zeit, wie wir sie kennen. Ihnen verdanken wir die perfekte Ordnung, das Gleichgewicht, die metrische Gestalt und Form, die unsichtbaren Gesetze der Wissenschaft und die schöpferische Welt von Magnetismus und Elektrizität. Bei diesen engen Gefährten stehen wir nicht nur in ewiger Ehrenschuld, sondern ihnen sollte unser Respekt gelten dafür, dass sie die Welt der Formen erstellen und in Gang halten. Jedes

Mal, wenn du ein elektrisches Licht anzündest, jedes Mal, wenn du eine Batterie verwendest oder von einem magnetischen Körper sprichst, wann immer du von einer Aura sprichst oder von der Kraft der Blitze, von der enormen Hülle aus Magnetismus, die die Erde vor dem äusseren Raum schützt, denke jedes Mal an sie und sprich ein Gebet des Dankes für ihren Schutz und ihre Gemeinschaft.

Die nächste Gemeinschaft, die wir betrachten sollten, ist die Gemeinschaft mit der Überseele, der seelischen Kinderstube der planetaren Systeme. Dies nicht nur für unseren Stern, nicht nur für dieses Universum, sondern für alle Universen. Wir sprechen von der Ewigkeit und vom jenseitigen Leben, von höheren Dimensionen und grösseren Ebenen. Wir beziehen uns auf die grossartigen Werkstätten Gottes, die Laboratorien des Geistes, auf die belebenden Welten von grosser Lieblichkeit, voller Zauber und Schönheit, die uns offen stehen. Auch wir Seelen auf Erden sind Kinder der Überseele, sind ihr zugeteilt, wenn wir den Zyklus der Inkarnationen betreten. Dafür sollten wir in der Meditation ein tiefes Gebet sprechen. Wie können wir die Überseele in uns erkennen? Wir könnten sie auch als Blaupause Gottes betrachten, die jedem menschlichen Wesen das Recht zur Teilnahme gibt. Das Recht des Teilnehmens an der Evolution, am Leben in der dichten Materie, die höheren Naturgesetze zu erfüllen und mit ihnen zu wirken. Wissenschaftler zu sein, Metaphysiker oder Heiler, Prophet oder Seher, alles, was die Welt so dringend braucht. Diese Menschen sind Weltendiener und als Seele gehen sie bei der Überseele in die Lehre für ihren Dienst an der Evolution.

Als Diener dieser Welten, deren Hüter wir sind, sollten wir uns demütig und dankbar erkenntlich zeigen, denn wären wir uns selbst überlassen, hätten wir Probleme! Wir könnten kaum unsere eigenen Belange handhaben, so dass die Wesen im Dienste der Überseele ständig in unser menschliches Feld eintreten und uns vor uns

116

selbst schützen müssten. Jeweils kurz bevor wir in Macht-Exzesse verfallen, kommen sie hinein und beruhigen die Atmosphäre, in die wir Löcher reissen. Sie reparieren die magnetischen Strukturen der äusseren Hülle, bereiten das evolutionäre Lebensmuster der zukünftigen Blaupause vor, bewahren es und sichern die Quelle der Lebenskraft, die in alles Leben fliesst. Die Überseele ist die Hüterin der Zukunft, und ihren alles überwachenden Wesen sind wir zu Dank verpflichtet. Wären sie nicht an ihrem Platz, gäbe es kein Morgen. Und ohne das Versprechen des Morgens, wenn uns nur das Nichts erwarten würde, würden alle moralischen Kräfte, aller Anstand und alles, was für Kultur und Fortschritt steht, auseinander brechen.

Die nächsten Gemeinschaften sind diejenigen der Seelenarbeiter, die jene besonderen Dienste leisten, welche bestimmten Gruppen zugeteilt sind. Genau hier ist Seelengemeinschaft so wundervoll, denn von der allumfassenden Blaupause aus geschehen diese Übertragungen in die vielen verschiedenen Zonen von Aktivität und Vorbereitung. Wenn wir ganz unten ankommen bei der einfachen Gruppenarbeit, beginnen wir zu entdecken, dass alle Zonen zusammenkommen. Es scheint einen Treffpunkt zu geben, ein Zentrum im Leben unseres Planeten Erde, wo die verschiedenen Aufgaben unter der Leitung von Meisterwesen sich im Individuum vereinigen.

Dies erklärt, wie es möglich ist, dass die Quellen aller Meister, die je gelebt haben, uns zur Verfügung stehen, sowie auch die Entwicklungsschritte, Kenntnisse und Fähigkeiten aller Seelengruppen. Ebenso profitieren wir als Individuen von sämtlichem Wissen und sämtlicher Weisheit aus den Schatzkammern des Universums, indem wir uns über die Sinne der Intuition und der Telepathie mit den inneren Gruppen verbinden, die die individuellen Seelen während ihrer Inkarnation versorgen und nähren.

Dies alles hängt von dem ab, was wir als Schwingungsstufe der Kommunikation bezeichnen. Die Seele kann sich zurückziehen, ohne dass der Körper stirbt, wenn die Frequenz zu niedrig ist. Sie kann sich zurückziehen und «eingehen» durch Unterernährung, durch Erschöpfung und durch den Verlust des Zugangs zu den zentralen Lebenskräften. Sie kann um viele Inkarnationen zurückgeworfen werden, entweder durch nutzloses, aggressives Leben oder durch Nicht-Leben. Es ist eine Tragödie, wenn jene, welche die besten Möglichkeiten mitgebracht haben, auf ihrem Pfad einschlafen und nicht gewillt sind, sich anzustrengen. Sie haben die Vorstellung, Leben auf Erden sei unwichtig, es sei nur ein Ort der Verschwendung für Müssiggang und Vergnügen und eine Art sinnloser Unterhaltung. Dies ist, was viele Okkultisten meinen, wenn sie «jene, die in tiefem Schlaf die dunklen Wege betreten, die sie schon seit langem verlassen haben sollten und die sie aus Trägheit noch einmal betreten» als Schlafwandler bezeichnen. Doch die Gruppen, denen die Schlafwandler angehören, sind Zentren voller Vitalität, sind Zentren des Lehrens und der Erkenntnis, sind Instrumente. Durch sie geschieht Heilung und durch sie werden die verschiedenen Pläne der einzelnen Blaupausen in die Gruppenkräfte gezogen. Von da aus muss alle Identifikation in einer spirituellen Inkarnation erfolgen.

Wenn wir sehen, wie das weite Universum und all seine Absichten in die kleine Einheit eines Individuums hinuntertransformiert werden, können wir nur staunen. Alles ist so wunderbar, so detailgetreu. Es macht uns demütig in seiner Erhabenheit. Ebenso der Gedanke, dass wir, so unbedeutend wie wir sind, in dieses grossartige himmlische Muster der sich entfaltenden Zukunft eingebettet werden können. *Wenn wir dies wollen!*

Viele von uns befinden sich schon eine ganze Weile auf dem inneren Weg. Ich kann mir nichts Schlimmeres vorstellen als einen

Menschen, der entweder absichtlich, willentlich oder aus Bequemlichkeit diesen Weg jemals verlassen will. Dies obwohl er die grossartige Seelengemeinschaft wahrgenommen hat, die sich um ihn kümmert und ihn behütet, die ihm unermesslich viel Aufmerksamkeit, Liebe und Hingabe entgegenbringt. Dieser Gemeinschaft aus den höheren Welten den Rücken zu kehren, wäre nicht nur eine Tragödie für die Seele, sondern auch für die geistige Kraft im menschlichen Körper.

Frage dich selbst, wenn du erschöpft bist, ob die Sache es wert ist, die dich so ermüdet. Und erkenne, dass jedes Bemühen um Selbstarbeit und Selbst-Entdeckung ein ganz kleines Selbst-Opfer wert ist. Möchtest du wirklich gerne zurückkehren zum Punkt, wo du vor drei, vier, fünf, zehn oder zwanzig Jahren warst?! Möchtest du wirklich auf die Stufe unglücklichen Unwissens zurückkehren und dein Leben auf dieser sinnlosen Ebene wieder aufnehmen ohne die Blaupause, ohne die Gemeinschaft, ohne eine Zukunft?

Wir müssen manchmal daran erinnert werden, dass wir unseren Weg nicht alleine gehen können. Wir alle tragen Schuld. Der Heilige Franziskus sagte, es sei eine Schuld, die wir nie zurückzahlen können; doch lasst uns freudig weiter zahlen. Wir beginnen zu sehen, dass die Währung und das Einkommen der Seele nicht ein Nehmen, sondern ein Geben ist. Hier sehen wir das evolutionäre Prinzip am Wirken, denn alle Ressourcen, von denen wir sprechen, beliefern die Lebenskraft mit dem, was sie braucht. Dies geschieht jedoch nicht eine Sekunde, bevor der Bedarf auftaucht, und geschieht auch nicht eine Sekunde später. Dies geschieht im genau richtigen Moment. Mit unserer eigenen Weisheit oder unserem Mangel an Weisheit liegen wir so sehr falsch! Wir denken, wir sollten alles haben, was wir wollen, und zwar wann wir es wollen. Wir denken, wir hätten dies und jenes getan und sollten nun eine Belohnung oder Bezahlung dafür erhalten. Wir neigen dazu, umzukehren und mit Gott zu streiten – als ob wir wichtig wären! In unserer Unverschämtheit gehen wir zu diesen grossen Seelen und werfen ihnen unsere schäbigen, kleinen Stücke von Mitarbeit hin, indem wir sagen: «Schaut, was ich für euch tue – und das ist alles, was ich dafür bekomme?» Natürlich tun wir das auf verschiedene Arten – was ist denn Selbstmitleid anderes als ein Verlangen nach Aufmerksamkeit? Denken wir je daran, wie viel für uns getan wird? Nein, wir betrachten das als selbstverständlich. Dieses Gesetz der Fülle, dieses Gesetz des Gebens durch das Leben ist etwas, das die meisten Menschen schwer verständlich finden. Machen wir es wie die Lilien auf dem Felde? «Sie sind der heil'gen Liebe Pfand. Auf Gott vertrauen sie und nähren sich aus seiner Hand.» (aus der Bergpredigt von Jesus) Irgendwo liegt eine verborgene Wahrheit darin, dass unsere Versorgung durch die grossartigen Höheren Schöpfungskräfte verlässlicher ist als wenn wir uns auf die menschlichen Versorgungsquellen verlassen. Viele Menschen zweifeln daran, empfinden Unsicherheit und Angst. Sicherlich haben viele Menschen ein Gefühl von Überlegenheit, wenn sie eine Menge Geld auf der Bank haben. Doch wenn dieser Reichtum innerhalb der Gruppe wirken soll, wenn er fruchtbar sein und wachsen soll, funktioniert dies nur, wenn wir unserem Gefühl der Unsicherheit nicht nachgeben und die Geld-Energie nicht zurückhalten. Es ist wie wenn wir den Göttern ins Gesicht schauen und ihnen sagen würden, sie könnten ihre Arbeit nicht tun, wir würden eher der Bank trauen als dem Allmächtigen.

Wer macht das Gold in der Erde, wer hat das Öl geschaffen, das so grossen Reichtum ermöglicht? Woher kommen all die Mineralien der Erde, die in die Schatzkammern der Welt gelangen? Woher kommen das Papier, die Bäume, die Wurzeln, die Pflanzen, der Wind und der Regen? Die Ressourcen der Götter sind unendlich viel verlässlicher als die Ressourcen und die Bedeutung der menschlichen Natur. Denk darüber nach, denn hier geht es um einen Teil des Seelenmusters. Es geht darum, in völligem Vertrauen zu leben anstatt in Angst und Furcht, voller Frustration, Ärger und Ungeduld. Mit wem sind wir denn ungeduldig? Die Herren der Schöpfung sind Gefährten auf dem Weg, sie sind die grossen Wesen, die für uns verantwortlich sind. Wir müssen ihnen manchmal wie eine Plage vorkommen, wie unwissende Kinder.

Versuche jede Seelengemeinschaft als das zu sehen, was sie ist – eine wunderschöne Verbindung. Sie ist eine Gemeinschaft von Hand zu Hand, von Schritt zu Schritt, von Geist zu Geist, von Gedanken zu Gedanken. Sie ist eine wunderschöne und liebevolle Beziehung, deren Tiefe vorgeburtlich bestimmt worden ist und die uns nie verlässt. Nur wir können sie verlassen! Hand in Hand ein Leben voller Vertrauen zu leben gibt der Seele Freiheit. Und es ist diese Freiheit, die es der Seele ermöglicht, viele Bereiche natürlichen Wachstums zu berühren anstatt an den Körper gekettet zu sein. Körperliche Anhaftung wirkt sich auch im Schlaf aus, wo die Seele dann auch nicht frei ist, in die höheren Welten zu reisen, um dort ihre natürliche Erholung zu finden und sich mit ihren Gefährten zu treffen. Durch Seelenreisen in der Nacht kommt sie weiter in stillem Wachstum, in der Schulung und in der Tätigkeit der Seelengruppe. Je mehr wir eine übermässige Intensität in Bezug auf die körperliche Form abbauen können, auch die Sorge und die Beschäftigung mit der Pflege des körperlichen Lebens, umso grösser ist die Fruchtbarkeit und die Kreativität der Seelengruppe durch uns als individuelle Seele.

Der Kraftstrom der Seelenschöpfung kann die Bedürfnisse vieler Menschen und Gemeinschaften erfüllen. Anders gesagt, unsere Verbindung, unsere Kommunikation kann vielen Menschen dienen. Wir haben ein sehr gutes Beispiel dafür in der Fernheilung, wo wir uns auf jemanden berufen, der «in Kommunikation» ist: Wunderbare Dinge scheinen zu geschehen. Die grossen Wesen treten hervor, nehmen sich des Problems an und arbeiten daran gemäss ihrem wahren Auftrag. Ein Gebet wird erhört, weil du zu einer Seele «in Kommunikation» gesprochen hast. Doch schliesslich musst du selbst zu dieser Kommunikation werden, zu diesem Kanal, durch den die organischen und anorganischen mechanischen Substanzen, die Naturkräfte und alles Leben in eine vollständige kooperative Einheit gebracht werden können. Dies ist Einheit in ihrer höchsten Form. Es ist der Beginn von Verbundenheit und der Wiederaufbau der Gruppenkraft, es ist das Zusammenkommen von allem, was ICH BIN.

Wenn wir dies bis in die kleinste Einzelheit erforschen, erkennen wir, dass sogar unsere Anwesenheit hier in dieser Gruppe (an diesem Seminar, Anm. des Verlags) kein Zufall ist. Auch das Morgen ist kein Zufall. Das nächste Jahr, das letzte Jahr, alle gehören zu einem vorbestimmten, vorausgeplanten Weg des Denkens, einem Weg des Lebens. Hier finden wir vielleicht die grösste Herausforderung, und das ist das Erbe des Freien Willens. Die Meister der Evolution arbeiten nicht mit Zwang, denn wir können uns nur entwickeln durch Liebe und Einheit im Geben – nicht durch Zwang und nicht durch Forderungen.

Daher muss unser Freier Wille entscheiden, ob wir in dieser Einheit der Sensitivität leben können, in dieser grossen Familie der Kommunikation mit der Werkstatt der Welt. Ob wir demütig genug sind, nicht nur zum Allmächtigen zu beten, sondern uns auch bei den grossen Meistern zu bedanken. Da wir alle von ihnen geschaffenen Einrichtungen benutzen, können wir wenigstens den Naturgeistern, die dies möglich machen, unseren demütigen Dank entbieten. Wenn wir einen schönen Baum sehen, bewundere ihn und sage, dass er ein grossartiges Kunstwerk ist. Dies sind lebendige Gebete voller Bewunderung. Sie sind der Ausdruck von Seelen in Kommunikation, die Dankbarkeit sowie Liebe aufbauen. Zu denken, die Blumen in deinem Garten brauchen ein freundliches Wort des Lobs, mag ein wenig merkwürdig klingen, doch sprich zu ihnen und schau! Sie sind Teil des Werks der grossen Wesen der Schöpfung, lebendiger Ganzheiten, die diese Blume geschaffen haben, den Duft, die Farbe, die Blütenblätter, intensive, personifizierte Liebe, die sich in jedem Detail zeigt.

Wenn wir von der «Gemeinschaft mit der Seele» sprechen, beziehen wir uns nicht auf eine Ganzheit, auf einen Führer oder einen bestimmten Engel. Wir beziehen uns auf die universelle Gemeinschaft der ganzen Welt, von der die Seele ein lebendiger Teil ist. Doch es gibt jene, die uns noch nahe sind, die früher mit uns gearbeitet und gelebt haben. Die ihre Inkarnation zurückgehalten haben und es auf sich genommen haben, mit uns zu lernen und zu leiden in diesem menschlichen Schwingungsraum, ohne in einen physischen Körper einzutreten. Wir kennen sie als Schutzengel, als Hüter und Lehrer auf dem Pfad. Lasst uns ihnen unseren tiefen, demütigen Dank aussprechen.

In der therapeutischen Heilarbeit begegnen wir oft wundervollen Wesen dieser Art, die zurückkommen und die Menschen in ihr spezielles Energiefeld hüllen. Sie sind uns sehr nah in ihrer Liebe und ihrem Dienst, und ihnen gebührt die Ehre, ihnen gebührt der Ruhm. Es ist nicht unser menschlicher Verdienst.

Wir sind wahrlich umgeben von einer wundervollen Familie, sind umgeben von himmlischen Gastgebern, die auf unsichtbaren Ebenen leben und wirken. Sie sind Wesen, die realer, kraftvoller, direkter und uns mehr verbunden sind als die menschlichen / körperlichen Wesen, mit denen wir in der Schlange an der Bushaltestelle stehen und die wir mit den finsteren Blicken unserer komplexen ängstlichen Natur durchbohren.

Unsere Aufgabe ist es, die Einheit wieder herzustellen, Kommunikation wieder herzustellen, damit die feinstofflichen Welten, die durch den Materialismus des Menschen abgeschnitten wurden, wieder in die schöpferische Welt des menschlichen Denkens hineingezogen werden können. Dies ist das Projekt der Neuen Zeit.

Jeder von uns, der ein Werkzeug der Empfänglichkeit geworden ist, dies durch den eigenen stillen Weg des Dienens in der Gruppe und als Individuum, muss diese grossartige Seelenkommunikation wieder entwickeln. Du befreist und ermöglichst den wahren Fluss der verlorenen Vitalität, befreist die Schöpfung. Und durch dich kann diese Vitalität zurückfliessen, nicht immer bewusst, sondern viel eher im unbewussten und im schlafenden Zustand. Wenn wir in unserer Gruppentätigkeit nicht genügend Kanäle für die feinstoffliche Kommunikation öffnen können, sind wir in Gefahr. Dies weil die Kräfte der Dunkelheit nie grösser waren als heute und die Kräfte des Lichts nicht genügend Träger in der Zeit haben. Daher sind Seelenarbeiter äusserst notwendig zu dieser Stunde. Was immer du tun kannst in deiner individuellen Tätigkeit – Meditation, Gebet, Vorbereitung, Heilen, Therapie, Lehren, Denken, Leben, Tun –, diese grossen Seelenkräfte werden dich auf jedem Meter deines Weges unterstützen. Nie wirst du im Stich gelassen, und dein Kommunikations-Beitrag wird helfen, die neue Welt zu gestalten. Eine neue Welt, die du von dieser irdischen Ebene aus nicht zu sehen vermagst, doch wir alle werden sie aus den höheren Dimensionen sehen. Und ohne Zweifel werden wir in der Zeit der Wiedergeburt der Erdenfamilie aus dem grossen Strom der kosmischen Einheit einige der Gedanken und Ideen und Beiträge wahrnehmen, die zu geben wir während unseres inkarnierten Lebens das Privileg hatten.

124

9
Führung durch die geistige Kraft

Das Wort «Geist» (engl. spirit) ist von vielen Religionen als etwas beschrieben worden, das weit weg, in weiter Ferne ist und zu einer anderen Dimension gehört. Doch eigentlich bist du «Geist», denn es gibt keine Trennung auf irgendeiner Ebene des Lebens. Gott IST, und wir SIND. Es sind diese Schranken, die zwischen den verschiedenen Ebenen des Lebens und der Energien errichtet wurden, welche uns von der Quelle, aus der die Energie fliesst, abgetrennt haben. Wir denken oft, nur die physischen Dinge, die wir berühren und fühlen, seien Energie. Doch dem ist nicht so. Die grossartige Energie des Universums, und somit alles, ist Geist. Er ist dieser riesige Dynamo, der zum kosmischen Herzen gehört, dem ewigen Zentrum, das seine Essenz in die Weite des Raums ausstrahlt. Und jede Seele, alles Leben hat seine eigene Schwingung und Einstimmung auf diese mystischen Kräfte, die eigentlich die nährende Energiequelle bilden, welche uns im Körper ins Bewusstsein bringt. Bewusstsein und Geist sind dasselbe. Wir sprechen oft von der Seele in Beziehung zum Geist, doch wir müssen sehen, dass die Seele der Diener des Geistes ist. Denn durch die Seele kann sich die geistige Kraft in die Astralebene und von da in die höchste Schwingungsebene der Materie projizieren, was beim Menschen der Körper ist.

Also gibt es mehrere Ebenen der Dichte, die in unserem momentanen Bewusstseinszustand existieren. Deshalb präsentiert uns das Leben die unterschiedlichsten Erfahrungen, welche die verschiedenen Ebenen berühren und diese durch das unmittelbare Erleben oder über die Intuition des inneren Selbst offenbaren. Die

Sprache des unsichtbaren Bewusstseins zu verstehen ist wohl für jeden Suchenden auf dem Pfad etwas vom Schwierigsten überhaupt. Was ist die Sprache? Was bedeutet Empfänglichkeit und was ist Ausstrahlung? Meistens strahlen wir aus unserem dürftigen Verstand so viel aus, dass wir nicht fähig sind, die Ausstrahlung des geistigen Wissens zu empfangen. Wir sind oft so beschäftigt mit der Wichtigkeit, der Bequemlichkeit und der Dummheit unseres kleinen Selbst, dass wir uns der Herrlichkeit, des Wunders und der immerwährenden Realität des wahren Selbst nicht bewusst sind.

Stolz verursacht eine Trennung zwischen dem höheren und dem niedrigen Selbst, denn die physische Intelligenz denkt, dass sie alle Antworten kennt und keinen Bedarf für Gott oder esoterisches Denken hat. Sie denkt, sie könne alleine vorangehen, und zeigt eine Art überlegener Distanziertheit, die sie allem entgegenbringt, mit dem sie nicht einverstanden ist. Dieser falsche Stolz ist vielleicht eine der grössten Ursachen für die Trennung zwischen Geist-Seele und Verstand-Körper. Diese Trennungen wurden auch schon als Dimensionen bezeichnet – die Dimension des Stolzes, die Dimension der Eitelkeit und der Selbstgefälligkeit –, und diese sind für den Geist nicht erreichbar, denn Stolz hält den Geist davon ab, den Körper zu lehren.

Kommunikation zwischen den verschiedenen Körpern (spirituell, mental, emotional, ätherisch, physisch) ist nicht nur etwas, das uns mit Energie versorgt. Wir sollten daran denken, dass die Evolution auf all diesen Ebenen gleichzeitig stattfindet, so dass wir eigentlich im physischen Sinn nicht so sehr wachsen, wie wir uns im esoterischen Sinn entwickeln. Die vitalen Körperstrukturen auf den höheren Ebenen gehen ihren Aufgaben nach, indem sie auf ihren eigenen Ebenen nach Wachstum und Reife streben. Doch häufig werden die höheren Ebenen zurückgehalten durch die Hartnäckigkeit der niedrigen Ebene, die es in ihrer Wichtigtuerei und ihrem Stolz dem Geist verunmöglicht, sie zu belehren. Mentale Ausbildung ist nur eine eingepflanzte Sache. Das reine Bewusstsein stützt sich nicht auf Ausbildungen, es ist eingestimmt auf die Dimension des All-Wissens, wo alle Sprachen eins sind, wo der universelle Geist für alle Ebenen des Lebens sorgt.

Oft ist es nötiger, die verschiedenen Körper und Vehikel neu auszurichten – in anderen Worten, die Zustände in den verschiedenen Dimensionen in einen Rhythmus und in Einklang zu bringen –, als den physischen Körper zu heilen. Der physische Körper ist nur die unterste Sprosse der Leiter, die höchste Sprosse ist der Geist selbst, und er ist die einzige Quelle, durch die wir jeglichen gezielten Eingriff durchführen können. Das Gezappel des physischen Körpers mit seinen Bedürfnissen, seinem Verlangen und seinen vielen niedrigen Aspekten, welche die Kommunikation mit dem Geist verunmöglichen, ist in sich bereits eine Krankheit. In anderen Worten, wir können uns selbst verhungern lassen infolge eines Mangels an spiritueller Energie, wenn wir das unwichtige Leben überbetonen, dieses Fragment von dir und mir, das nur für eine sehr kurze Zeit in der dritt-dimensionalen Materie inkarniert hat.

Wir können Leben als ewigen Fluss betrachten, der von der Quelle seiner Schöpfung ausgeht und uns auf Erden durch die verschiedenen Reifestadien in die höheren Ebenen zur Entfaltung bringt. Auf unserer momentanen Evolutionsstufe sind wir immer noch wie Kinder mit einem Verstand und einem Hirn, die noch nicht die volle Frequenz einer spirituellen Denkkraft aufnehmen können. Daher ist das Leben, in dem wir uns zurzeit befinden, insofern wichtig, weil es die Evolution der Seele behindern oder durch den Gebrauch des freien Willens unseren Fortschritt bremsen kann, indem es Experimente macht und in einer Welt der Schatten herumirrt. Einerseits gehört der freie Wille zu den Gesetzen der physischen Ebene. Doch haben wir auch einen anderen, höheren Willen, der oft in völligem Widerspruch zum niedrigen steht. Aus diesem Widerspruch des menschlichen Willens zum Höheren Willen entstehen mentale und psychologische Krankheiten sowie die meisten Störungen wie Ausbrüche von unterdrückten Impulsen. Propheten und Seher haben versucht, diese Ebene zu erklären, indem sie den Willen des Geistes als Gottes Willen bezeichnet haben – was eine sehr gute Beschreibung ist. Der menschliche Wille jedoch – wenn er im Konflikt mit dem Höheren Willen steht – führt zu Krankheit, zu Unglück und Leiden. Würden wir die Wechselwirkung zwischen Verstand und Geist wirklich verstehen, so könnten wir die Welt völlig von allen Krankheiten befreien. Wenn wir den kraftvollen Energiefluss zwischen Geist und Verstand wieder herstellen können, werden wir die Ewigkeit im ewigen Jetzt erkennen anstatt ihre Existenz in einer zweifelhaften Zukunft zu sehen.

Diese verschiedenen Verbindungsströme erfährt jeder ganz persönlich. Dies so sehr, dass die meisten Erfahrungen für jemand anderen wenig Wert haben. Wir können versuchen, die eigene Erfahrung für eine Art Beratung zu nutzen. Doch leider scheint es, dass jede Seele diese Spannungen zwischen den Dimensionen und diesen Druck durchleben und dabei die Unterscheidungsfähigkeit erwerben muss, durch welche der Geist und der Verstand ihre direkte Beziehung aufbauen können. Durch diesen inneren Ablauf geschieht es, dass Eltern und Kinder, ja ganze Familien sich uneins sind. Es ist vielleicht der Punkt, wo sogar die Weisheit Salomons auf taube Ohren trifft. Und so sehen wir Generation um Generation von spirituell-menschlichen Wesen durch dieselben Qualen gehen, durch dieselben Widersprüche. Und wenn wir ein wenig älter sind, müssen wir daneben stehen und dieses so genannte Leiden bei Jüngeren beobachten – und können nur sehr wenig dagegen tun.

Wenn wir in den freien Willen des Bewusstseins eingreifen, greifen wir auch in die Kommunikation eines Menschen mit dem Geist ein. In anderen Worten, wir versuchen, einem Anderen unsere Anweisungen aufzudrängen, während der Geist eigentlich versucht, seine eigenen zu kommunizieren. Du siehst, ein Ratschlag ist eine ziemlich knifflige Angelegenheit, weil wir nicht sicher sind, wo wir Grenzen überschreiten. Sollten wir versuchen, dem erwachenden Bewusstsein eines Anderen unsere Erfahrung aufzubürden oder sollten wir versuchen, ihn bei seiner speziellen Form der Erlösung zu ermutigen – denn das ist Erfahrung eigentlich – und dabei hoffen, ihm beistehen zu können, ihn zu pflegen und zum Bewusstsein zurückbringen zu können, wenn dann die Erfahrung ihren konkreten Ausgang genommen hat?

Die Energie des Geistes ist subtil, ist intuitiv. Sie gehört nicht dem Intellekt an. Nun magst du sagen, Intuition, Inspiration, Vision, dies alles sei metaphysisch und zeige sich nicht als unmittelbare Erfahrung ausserhalb des menschlichen Denkens. Bis zu einem gewissen Grad ist das wahr, weil jedermanns Vision des Himmels sich seinem Wunsch anpasst. Der Wunsch ist die Kraft, die dem Geist auflauert, weil der Wille der Diener des Wunsches ist. Dies ist ein Energiefeld, das wir alle gut kennen, denn der Wille fügt dem Wunsch Energie hinzu, und Handlung folgt. Wenn du keinen Wunsch und kein Verlangen hast, fliesst wenig Energie. Denn Energie kann entweder über das intuitive Seelen-Denken aus dem höheren Bewusstsein fliessen oder von den niedrigeren vitalen Ebenen aus, wo sie durch den menschlichen Willen blockiert werden kann.

Dies müssen wir noch genauer betrachten. Wir sprechen vom Willen als wäre er ein Ding. Doch eigentlich ist der Wille nur ein Fokus-Punkt, ist ein mentaler Fokus-Strahl, den wir auf einen Wunsch oder einen Gedanken richten. Oft sind wir so voll von unseren primitiven Mustern, also von den Vorstellungen der niedrigeren Dimensionen, dass die menschlichen Wünsche alles beherrschen und dadurch den höheren Willen machtlos machen. Dies zeigt sich als Widerborstigkeit, Dummheit, Aggression und als Stolz, der vor dem Fall kommt. Wir sehen es auch in einer Art von Sturheit, wenn wir unabhängig von dem, was andere Menschen uns sagen, unabhängig von den Kosten, unabhängig von Ratschlägen, immer weitergehen mit dieser speziellen dummen, lächerlichen, tapferen, mutigen Ich-kann-es-allein-Haltung, die es für menschliches Wachstum braucht. Wer weise ist, sagt dann nicht «Ich hab's Dir doch gesagt» – der Verlust der Würde kann sehr schmerzhaft sein!

Ich denke, Kinder haben einen stärkeren Gerechtigkeitssinn als Erwachsene. Wenn du dich über ein Kind lustig machst, kannst du seine spirituelle und psychologische Struktur schädigen. Es ist merkwürdig, Kinder halten weder Ungerechtigkeit noch Verachtung aus. Im Kind ist offenbar noch eine grundlegende Ehrlichkeit vorhanden, die der Erwachsene schnell verliert. Wir akzeptieren die Erniedrigung, die Kränkung, die Lüge oder die Täuschung, ohne gross zu leiden. Dies zeigt, dass wir uns irgendwo unterwegs an die Schatten der Täuschung des dritt-dimensionalen Lebens gewöhnt haben. Woran liegt es denn, dass ein Kind sehen und fühlen kann, dass es weiss, wenn über es gelacht oder es verachtet wird oder wenn es lächerlich gemacht wird? Warum wehrt sich sein Geist gegen diese ständige Beeinträchtigung und Ungerechtigkeit?

Wenn du als Erwachsener ein gewisses Mass an psychologischen Widerständen und Frustrationen erlebst, so gehst du automatisch zurück zu der Zeit als Kind, als du lächerlich gemacht, unterdrückt, ausgelacht und als weniger wert als ein Erwachsener behandelt wurdest. Diese kindlichen Erinnerungen leben fort und erzeugen im späteren Leben gewisse Muster, die wir als psychische Spannungen, Fixierungen und so weiter kennen. Denk immer daran, wenn du mit Kindern zu tun hast: Sie sind spirituelle Wesen, die ihre Heimat noch nicht so lange verlassen haben wie du und ich. Daher muss unser Umgang mit ihnen der Tatsache Rechnung tragen, dass sie reiner sind. Sie sind nicht so belastet wie wir. So wäre vielleicht eine etwas weniger herablassende Haltung unsererseits nicht verkehrt, verbunden mit der Einsicht, dass der Geist des Kindes in viel besserer Kommunikation ist als der unsrige.

Wir wollen uns nun dem menschlichen Konflikt widmen. Das Menschsein an sich kann einen Konflikt zwischen Werten darstellen – den Werten der Pflicht oder der Ehre. Auch kann eine tiefe Überzeugung einer unbekannten Schuld existieren. Niemand wird gerne durch die Persönlichkeit eines Anderen eingeengt. Es ist vielleicht hier, wo Ehen schief laufen, wenn der Stärkere den Schwächeren oder Freundlicheren einzusperren versucht und ihm seine Art, nach eigenem freiem Willen zu leben, wegnimmt. Wenn das eigene Denken dominiert wird, und dies womöglich durch einen Menschen, der unwissender ist – dann entsteht ein Konflikt im psychologischen Feld. Dies kann zwischen Eltern und Kindern geschehen, bei Angestellten, in Beziehungen zu Freunden und bewirkt, dass irgendwann die Freiheit in Gefahr ist. Und dass dann der ganze Widerstand der menschlichen Natur aufbricht und für die Freiheit kämpft und dabei merkwürdige Dinge tut. In diesen Situationen stört die Rolle des Dominierens den Fluss der geistigen Führung. Wir alle kennen die guten Ratschläge, die besagen, wir sollten doch gescheit sein, vernünftig und nicht unklug und dumm!

Was sagt uns dieser Konflikt im Menschsein? Lehnen es diese Menschen ab, das Höhere Selbst zu akzeptieren, oder die Verantwortlichkeiten des Lebens oder den evolutionären Druck zu wachsen? Ist diese Dominanz eine Form der Schwäche, die sich nur stark fühlt, weil sie sich so selbst bestätigen kann? Hier erkennen wir, dass ein Mensch, der in Kontakt mit der geistigen Kraft ist, sich auf psychologischer Ebene sicherer fühlt. Dies ist nicht Religion, es ist etwas Tieferes, sehr viel Realeres und reicht hinaus in die Ganzheit der Denkkraft. Damit gibt es dem menschlichen Denken ein Fundament, das absolut erforderlich und sicher ist. Bei einer «Gehirnwäsche» durch andere stellt sich dies als sehr wahr heraus. Menschen, die keine Philosophie haben, keine Vision von irgendetwas anderem als dem physischen Leben, werden viel leichter zu Opfern und Verrätern als ein Mensch, der an etwas glaubt, der eine Vision hat und ein tieferes Wissen. Solche Menschen überleben oft schreckliche Qualen und Erfahrungen mit völlig intaktem Verstand und Geist. Ich habe mit vielen, die in Konzentrationslagern waren, über die aussergewöhnliche innere Kommunikation gesprochen, die sie gesund erhalten hat. In den Zeiten von Hunger, Krankheit und Wahn hat dieser geistige Kommunikationsstrom sie lebendig und gesund erhalten, dieser Fluss der Gesundheit, dieses Andere. Die anderen jedoch hatten keine Linie im Leben, sie hatten praktisch keine geistige Kommunikation und wurden so zu leichten Opfern jeglicher irdischer und psychischer Bedingungen, die ihnen die Quelle ihres höheren Schutzes wegnahmen.

Es gibt auch andere Formen der geistigen Kommunikation. Das Gehirn selbst ist lediglich ein Computer mit einem indexierten Gedächtnissystem. Es hat keinerlei Energie ausser derjenigen, die es von den höheren Ebenen erhält. Es ist nicht die Elektrizität des Körpers, die das Hirn stimuliert, es ist die Energie des Geistes, welche die grossen Nervenganglien aktiviert, die Bewusstseinszentren, die eigentlich Projektionen des Geistes selbst sind. Lasst uns alle Ideen aus unserem Denken entfernen, die besagen, Gehirn und Intellekt seien etwas Selbständiges. Sie sind ein sehr kleiner

Teil des rezeptiven Systems, das von vielen Dimensionen der Kommunikation, der Wellenlängen und der Schwingungen abhängt, die alle einfliessen als Quelle stetiger Versorgung aus den geistigen Schatzkammern. «Der Mensch lebt nicht von Brot allein» ist eine Untertreibung. Wir leben nicht nur durch die Kraft des Geistes selbst, sondern dadurch, dass eigentlich er selbst es ist, der durch uns atmet, der geht, der visualisiert, der rechnet, der denkt. Es gibt keinen Unterschied zwischen dem Geist und dem Körper ausser dem Unterschied in der Kommunikation.

Nun wollen wir einen Schritt weiter gehen. Wie ist unsere persönliche Beziehung zur Führung durch den Geist? Auch hier finden wir eine Ebene des Konflikts. Es ist sehr schwierig, eine Art Fatalist zu sein und zu akzeptieren, dass die höhere Intelligenz des Kosmos das Universum lenkt und wir sehr wenig dazu zu sagen haben. Doch wir haben extrem viel zu sagen in unserem menschlichen Umfeld.

Im menschlichen Umfeld geschieht auch das Ausfliessen der ätherischen Energie, die von der Seele her über die Aura und die Chakra-Zentren eintritt und die als ein magnetisches Kraftfeld ausstrahlt. Die Quelle dieser Energie ist auf einer wirklich hohen Ebene angesiedelt. So hoch, dass unser Denken sie nicht erreichen kann. Doch wenn diese Energie durch die feinstoffliche Kette des geistigen Lebens fliesst und über das Bewusstsein in die menschliche Persönlichkeit einströmt, dann sehen wir, dass diese Menschen «er-leuchtet» sind, dass sie glühen. Ihre ganze Aura erstrahlt in diesem spirituellen Feuer, in dieser göttlichen, kosmischen Leuchtkraft. Du siehst es in ihren Gesichtern, ihren Augen und Händen, in der Art, wie sie denken und gehen und arbeiten; diese Menschen stehen eindeutig unter direkter spiritueller Führung. Sie haben keinen Namen dafür, wissen vielleicht nicht einmal, dass sie diese Eigenschaften leben. Egal wie schlecht es ihnen geht, sie stehen wieder auf. Egal wie krank sie sind, sie überleben. Egal wie tief sie fallen, sie scheinen unbeirrt weiterzugehen. Es liegt eine Beharrlichkeit in der Energie, die von den hohen Ebenen fliesst. Dies ist die Quelle, welche die Propheten nutzen. Die Führung durch den Geist ist immer im Einklang mit allen lebendigen Ereignissen. Wie wir schon früher gesagt haben, die Gegenwart hat bereits stattgefunden. Um dies noch besser zu verstehen, müssen wir sehen, dass das Bewusstsein, wie wir es kennen, sich in einem zeitlich verschobenen Zustand befindet. Daher können sich Propheten auf die geistigen Kanäle einstimmen und die Blaupause der Geschichte scannen, hinein in die Vergangenheit, Gegenwart und Zukunft. Dabei erfahren sie Anleitung, Aufsicht und Führung.

Du bist ein Prophet. Jeder von uns hat diese Fähigkeit der Präkognition. Du bist ein spirituelles Wesen jetzt und bis in alle Zeiten. Im Moment funktionierst du vielleicht auf einer ziemlich niedrigen Frequenz! Doch bist du geistig und daher stehen dir all die verschiedenen Quellen genauso offen wie den grossen Meistern. Zuerst empfangen wir sie auf den niedrigeren Ebenen, genau wie Swedenborg dies tat. Er sah die brennenden Feuer, während er in seinem Bett lag, Hunderte von Meilen entfernt. Wir sehen das innere Feuer in der Intuition einer Mutter, in der Kommunikation zwischen Zwillingen, oder wir erfahren es als innere Ahnung, die wir im bewussten Denken nur vage wahrnehmen. Doch der Vorgang der Prophezeiung geht unbewusst vor sich. Der Geist kommuniziert nur selten mit dem bewussten Denken. Er umgeht die fünf Sinne der Materie und tritt über einen unbewussten Weg ins Bewusstsein ein. Dies hilft dir zu verstehen, warum du Sachen weisst, die du nicht gelernt hast, warum du Dinge erkennst, die du nicht gesehen hast, und warum du etwas fühlst, wofür du keinen Grund hast. Es ist ein Gefühl von Vertrautheit, ein Gefühl von Wissen, ein Gefühl, mit etwas in Übereinstimmung zu sein.

Wie kann man das jemandem erklären? Eine Redewendung sagt, «ich spüre es in den Knochen». Es ist eine Ahnung, ein intuitives Gefühl. Du kannst es auf viele Arten beschreiben, doch die Kraft der Intuition durch den Geist ist etwas so reiches und tiefes und wundervolles, dass es jegliches Bücherwissen übersteigt. Sie ist grossartiger als jeder Dichter, sie ist ein besserer Lehrer als jedes irdische Leben. Tatsächlich ist sie die wahre Verbindung zum göttlichen Leben durch den Geist, die aus den höheren Ebenen direkt durch die Schichten des Unter-Bewussten wirkt.

Es gibt Fälle, wo der Intellekt durch Suggestion, wie z.B. Hypnose, gedämpft werden kann. Hier kann das innere Selbst über den Geist und die Seele in der Zeit rückwärts und vorwärts reisen, ja sogar weit entfernte Orte besuchen. Das innere Selbst kann Bücher beschreiben, die bestimmte Personen lesen, oder exakt angeben, was sie zu bestimmten Zeiten tun, während der Körper gleichzeitig lebt und atmet und sich in einem Raum befindet, der Tausende von Meilen entfernt ist. Das bedeutet, dass die verschiedenen Vehikel oder Körper, über die wir verfügen, separat und unabhängig von unserer Persönlichkeit gebraucht werden können. Dies kann für einen Menschen ziemlich unangenehm sein – zu denken, dass der Körper am einen Ort sein kann und der Geist, die Seele sowie das innere Selbst an einem anderen! Es wäre wohl besser, wenn wir mehr darüber wüssten, was da geschieht. Wir kennen das Vorgehen auch als Gedankenkraft oder Gedankenformen, die wir projizieren, wenn wir denken. Wie oft spazieren wir durch Gärten und Wälder und sind nicht wirklich dort. Wie oft sitzen wir in einem Raum und sind in Gedanken ganz woanders! Da gibt es also diesen Einfluss des anderen Selbst, das sich von der Persönlichkeit entfernen und sich jenseits von Raum und Zeit über die ganze Welt bewegen und sich auch in andere Dimensionen ausdehnen kann, frei von den Begrenzungen des physischen Hirns.

Wir finden diesen Vorgang in einigen Yoga-Lehren beschrieben, welche die Fähigkeit des Reisens über den Geist, über die Seele entdeckt haben, was einst eine natürliche Gabe aller Propheten und Seher war. Es gibt Aufzeichnungen, gemäss denen sie die Zusammenkünfte der Lamas besuchten, während sie in ihren eigenen Klöstern still dasassen. Sie konnten Wort für Wort wiedergeben, was zu der Zeit gesagt worden war, ohne physisch die zeitliche Reise über die weite Distanz zu machen.

Wir sind nicht an einen physischen Körper gebunden. Der Geist ist frei. Er kann umherwandern, er verfügt über das ganze multidimensionale Leben, in welchem er aufsteigen und herumsausen kann, in welchem er forschen und fühlen und leben und seine andere Präsenz haben kann.

Vielleicht ist Klaustrophobie weniger die Angst, eingeschlossen zu werden, als die Angst, der Geist könnte sich nicht vom Körper lösen. Wir ketten ihn an unsere Körper über merkwürdige Mechanismen wie Ängste und Besitz, Ruhm sowie all die verschiedenen Sorgen und Spannungen. Und der Geist wehrt sich manchmal gegen dieses Gefühl des Eingeschlossenseins, das mehr vom Geist als vom Körper kommt.

Wir müssen uns mit der Führung durch den Geist und der wichtigen Rolle, die diese in unserem Leben spielt, befassen. Versuche, dies zu erkennen, zum Beispiel am Ende eines Tages. Fühle dich in den Tag hinein, geh nachträglich in die Ereignisse hinein. Vögel tun dies, Tiere tun dies. Sie fühlen sich in ihre instinktive Welt hinein. Die Schwalben wissen, wann es Zeit ist zu fliegen, welche Route sie nehmen sollen, welchen Weg, welches Futter vorhanden ist, wenn sie ankommen. Die ganze Natur wird angeleitet durch die instinktive Information, die die Welt der Natur ihren Lebewesen mitteilt. Wenn es eine Dürre geben wird oder die Nahrung knapp ist und so weiter, erhalten sie diese instinktive Botschaft und ihr Überleben ist bis zu einem gewissen Mass gesichert.

Du kannst das tun, indem du von Tag zu Tag lebst, in Kommunikation mit dem Geist. Das heisst, durch eine Meditation am Morgen, ein kurzes Auffrischen in der Mitte des Tages, aber auch fünf Minuten am Abend. Dadurch bringen wir uns in den Kreislauf dieser leitenden Kraft, ganz ähnlich wie bei Radar- oder Radiowellen. Wir sollten nicht zu lange ohne einen Gedanken oder ein Gebet sein, ohne eine Idee des anderen Lebens, der grösseren Vision. Wenn wir diese Verbindung aufrechterhalten, dann sind wir immer eingestimmt. Ob wir nun ein Auto lenken oder etwas essen, das wir nicht sollten, ob wir Entscheidungen treffen, die eigentlich noch verfrüht sind, ob es Zeit ist für dieses, jedoch nicht für jenes – alles ist Teil der Antennen des Geistes, der uns behütet und über uns wacht. «Seine Engel sollen über dich wachen», doch dein Hauptengel ist dein eigener Zugang zum Geist. Es ist nicht ein anderer Mensch, sondern deine eigene geistige Fähigkeit, dich auf die Ereignisse des Lebens einzustimmen, für dich zu sorgen und dich durch die Ereignisse des täglichen physischen und kosmischen Lebens zu lenken, so dass du im Einklang bist mit den Ereignissen, im Einklang mit der Zeit.

Wir alle kennen jene Tage, an denen wir aus dem Takt der Zeit geraten, wenn alles schief läuft, wenn all unser Tun wie gegen einen Widerstand ankämpft und alles sehr unbefriedigend ausgeht. Dies sind Tage, an denen deine geistige Kommunikation nicht funktioniert. Nicht dass der Tag gegen dich wäre, doch deine höheren spirituellen Kräfte können nicht mit dir kommunizieren. Da war ein Abschalten, eine Störung, eine Angst, eine unnatürliche Spannung oder was immer es war, das eine Störung deines natürlichen Systems verursacht hat.

Im Neuen Zeitalter, das jetzt beginnt, müssen wir lernen, direkt über den Geist zu leben, unser eigenes «Wetter» vorherzusagen, unsere eigene Führung wahrzunehmen und nie verloren zu sein. Wir sollten fähig sein, alle Ereignisse, die geschehen, zu fühlen, uns mental mit den Kräften des Gebets und der Gedanken zu verbinden, in Einheit mit der ganzen sich entfaltenden Welt in all ihrem Prunk und ihrer Pracht. Denn wir sind ein Teil dieses Schauspiels, wir sind ein Teil dieser Geschichte – wir sind ihre Bestimmung.

Im jetzigen Zeitrahmen besteht der Pfad der Weisheit darin, sich geistig zu verbinden und dazu zum Beispiel die dreifache Meditation (morgens, mittags, abends) durchzuführen. Wenn du sagst, du seist zu beschäftigt, dann ärgere dich nicht, wenn du den Fuss auf unsicheren Boden aufsetzt, auf leeren Grund! Wenn du so nachlässig bist, dass für dich der Geist und seine Führung, deine eigene kosmische Göttlichkeit, unwichtig ist, dann geh unter einer Leiter durch, und der Farbeimer wird dich treffen. Ich sage das mit Humor, doch ich meine es sehr ernst. Denn wir leben ein Leben voller Herausforderungen, voller Wandlungen und Wachstum, ein Leben der Evolution. Je höher die Sensitivität schwingt, je klarer die Wahrnehmung ist, umso wertvoller ist dieses Leben; und je mehr du in deine Inkarnation hineinpackst, umso wertvoller ist die Tiefe deiner Gedanken, umso grossartiger ist die Bestimmung deines Lebens.

Ein zielloses Leben ohne höhere Führung, ein Leben nur um zu essen und zu schlafen, zu arbeiten und Geld zu scheffeln, die ganze Zeit mit Gejammer über den physischen Körper und seine Schmerzen zu verbringen, das ist kein Leben. Es ist nur ein Existieren auf der dritt-dimensionalen Ebene, abgeschottet von jeder Vision, jeder Erleuchtung, von aller Freude über die intuitiven Fähigkeiten, von Güte, Liebenswürdigkeit, Freundlichkeit und Liebe. Deine spirituelle Ausrichtung, also die Ausrichtung auf die geistige Führung, sollte stetig beibehalten werden. Dies mit einer gesunden Portion Realismus, mit Dankbarkeit und Ehrerbietung, mit Demut und freudiger Erwartung anstatt des Elends, das der menschliche Verstand kreiert, wenn er vom Geist abgeschnitten ist.

Menschen, die in Kommunikation sind, strahlen Freude aus. Nicht nur über ihre Stimme, sondern über die Atmosphäre um sie herum und durch ihre Anwesenheit. Sie scheinen eine Leichtigkeit, eine Vitalität, eine Präsenz, eine Art Fruchtbarkeit zu verbreiten, wohin immer sie gehen. So füllen sie die Lücken in den Leben anderer Menschen und wecken in ihnen ebensolche Eigenschaften.

10

Die Macht der Umwandlung

Das sichtbare Universum befindet sich in einem Zustand der Ordnung, der Göttlichkeit, und ist doch in stetiger Wandlung. Jede Bewegung ermöglicht es den verschiedensten Einflüssen und Kräften, auf die natürliche Grundlage einzuwirken, durch die sich das Leben manifestiert. Gleichzeitig ist es die Ordnung, die Beständigkeit, die uns umso mehr erlaubt, die Umgebung zu lenken, diese Frequenzen und Schwingungen, die sich im sichtbaren und im unsichtbaren Leben manifestieren. Alle Abläufe bilden Muster, die nicht aus sich selbst heraus eine vollständige Kraft sind, sondern die aus der Veränderung ihrer Form und Struktur entstehen. Dies ist auch bei den Elementen der Naturkräfte der Fall. Der Wind, die Sonne, der Regen, die Elemente der magnetischen und elektrischen Felder sind sich verändernde Bewusstseinszustände. Sie entwickeln sich und wachsen durch stetigen Wandel. Schliesslich entsteht ein Universum, in dem alle Kräfte miteinander harmonieren.

Wir sind es gewohnt, von Strahlungen und Mutationen zu sprechen. Hier müssen wir erkennen, dass auch das Atom in den evolutionären Plan einbezogen ist. Es ist möglich, einen genetischen Code durch widersprüchliche Schwingungen oder Anweisungen durcheinander zu bringen. Dadurch entstehen Mutationen, welche die verschiedenen Organismen der Schöpfung beeinträchtigen können. Dieses Geschehen fehlgeleiteter Veränderungen, das Eingreifen in natürliche Muster, beeinträchtigt die Grundstrukturen. Doch die Fähigkeiten des Individuums zur Transmutation können auf viele Arten diesen Verlust von Lenkung kompensieren, denn das menschliche Wesen hat weit mehr Schöpfungspotential, als man bisher glaubte. Dies führt zu einem neuen Konzept eines sich verändernden Umfelds von Persönlichkeit und Charakter. Es führt zu einem neuen Potential in der Kunst der Erhöhung der mentalen und psychischen Kräfte. Es vermittelt eine neue Sichtweise in der Frage von Krankheit, Hungersnot und Seuchen – in all den Bereichen, in denen die natürlichen Harmonien dieser spezifischen Frequenzen durch artfremde Kräfte gestört worden sind. Dies ist nicht eine Frage von Gut und Böse, es ist eine Frage von Intelligenz oder Dummheit.

Die Fähigkeit der Transmutation, der Veränderung, beschränkt sich nicht nur auf die mentale Kapazität. Sie ist ein Aspekt der jedem Individuum innewohnenden Natur. Manche Menschen haben beispielsweise eine Persönlichkeit, welche die Umgebung beeinflussen kann, das Wachstum von Pflanzen zum Beispiel. Sie haben das Temperament, die natürliche Veranlagung, durch die sie im Einklang sind mit dem Wasser, mit der Natur und mit den verschiedenen Elementen in der Erde. Mit diesen Aspekten werden wir geboren, sie sind Teil der innewohnenden Blaupause, sind Teil einer Struktur, die in anderen Welten erworben wurde, an anderen Orten und zu anderen Zeiten, und die sich daher hier und jetzt manifestieren kann.

Wenn wir Umwandlung als Evolution sehen, erkennen wir bewusster, dass wir verantwortlich sind für das eigene Wachstum und das Wachstum der Welt. Es ist denkbar, dass die Menschheit eines Tages die Verantwortung für ihre Atmosphäre tragen muss, denn dies geschieht schlussendlich, wenn wir wachsen. Wenn unsere intellektuellen Verantwortlichkeiten zunehmen, werden uns auch die Energien und Verantwortlichkeiten für die Transmutation der niedrigeren Kräfte mehr fordern. Wir können nicht erwarten, in die energetischen Räume des Wissens eintreten zu dürfen, in die Tiefe der Naturkräfte, ohne gleichzeitig eine neue

Verantwortung zu übernehmen, in eine neue Verpflichtung auf einer völlig neuen Sinnstufe des Lebens hineinzuwachsen. Es ist geplant, dass der Mensch die Herrschaft über seinen ganzen Lebensraum übernehmen soll, dass er nach seinem Auftauchen aus der Wiege seines Ursprungs und mit dem Erreichen seiner vollen mentalen Fähigkeiten, mit der Übernahme seiner spirituellen Verantwortung in seinem Innern sein eigenes Universum manifestieren kann.

Hier sind bestimmte feinstoffliche Kräfte am Werk. Wir haben auf der einen Seite gewaltige materielle Evolutionsmuster, doch auf der anderen sehr geringe und nur langsame spirituelle Veränderungen. Es scheint einen energetischen Widerstand zu geben, den wir zum Beispiel in geistigen Störungen und Krankheiten sehen können, die über ein Drittel der nationalen Wirtschaftskraft verbrauchen. Beachtet das Ausmass an Krankheiten, die nicht tödlich sind, jedoch behindernd, und die die Produktionskraft ganzer Nationen beeinträchtigen. Diese Tatsache beschleunigt sich noch, da der Druck durch Lärm und durch die verschiedenen Übergriffe auf das menschliche Denken und das Klima ansteigen. Es ist offensichtlich, dass wir uns für die Lösung dieser Probleme nicht an Wissenschaftler wenden können. Wir müssen uns an einen anderen Ort wenden, an eine höhere Instanz. Wir müssen die ganze Betrachtung auf eine höhere Dimension anheben und schauen, ob wir da eine zufriedenstellende Antwort oder zumindest eine Richtung finden, an die wir uns halten können.

Es ist leicht, ein Sozialfall der modernen Zeit zu werden. Der Verschleiss ist so gross, dass es praktisch unmöglich ist, mit 45 oder mehr Jahren eine neue Anstellung zu finden, während der Bedarf an medizinischer Hilfe das wirtschaftlich Mögliche bei Weitem übersteigt. Hier braucht es eine Änderung der Betrachtungsweise: Wir müssen uns fragen, warum wir krank sind. Warum existieren wir in Körpern, die so oft von Schmerzen geplagt werden? Warum geschieht es, dass unsere mentalen Fähigkeiten in gewisser Hinsicht abnehmen, obwohl sie doch zunehmen sollten. Werden wir Opfer der Umwelt, der Unwissenheit oder der materiellen Kräfte?

Um diese Unstimmigkeiten zu überwinden, müssen wir zu Experten werden im Gebrauch der manifestierten Energie dieser Transmutationskraft. Es gibt viele Berichte über Menschen, die Macht über die Elemente hatten. Das Gehen auf dem Wasser war nicht neu und wurde in anderen Aspekten wiederholt – in der Lenkung der Winde, von Regen und Gezeiten. Die Druiden waren Meister in dieser Form der Umwandlung und brauchten sie als Verteidigungsmethode, wenn Räuber an ihre Küsten kamen. Wir kennen diese Möglichkeiten, die Kräfte des Elementarreiches zu nutzen, und müssen erkennen, dass diese durch die Fähigkeit zu denken und durch die Kraft der Seele manifestiert werden – nicht durch das physische Denken, wie wir es kennen, sondern durch das höhere Denken.

Doch bevor wir uns mit der Lenkung des kollektiven Umfelds, in dem wir leben, befassen, müssen wir zuerst das interessante Phänomen der Lenkung unseres persönlichen menschlichen Umfelds betrachten. Und niemand von uns wird sagen, er sei damit zufrieden! Wir können nicht sagen, dass wir den Gipfel des Wissens über die Transmutationskräfte erreicht haben oder dass wir sie sogar angewandt haben. Wir sind so daran gewöhnt, das Unvollkommene zu akzeptieren, das sogenannt Unvermeidliche, dass wir alle viel zu oft das Potential der Veränderung ignorieren. Dies verursacht nicht nur die mentale Schranke fehlender Empfänglichkeit, von der ich gesprochen habe, sondern es führt auch zu Unfruchtbarkeit, zu Nicht-Handlung, wodurch die abwärts gerichteten Kräfte des Verfalls überhand nehmen gegenüber den Kräften, die eine aufwärts gerichtete Veränderung und Neuschöpfung herbeiführen würden.

Doch es gibt keine Wahl. Die Evolution, der Druck der Bewegung in der Zeit, wird weitergehen, ob wir nun mitmachen oder nicht. Aber wenn wir die Macht, Krankheiten zu ändern, Atome zu verändern, unseren Charakter und die Natur zu verändern, annehmen, anstatt in einer passiven Haltung nur die bestehenden Bedingungen zu akzeptieren, können wir an dem allem bewusst teilhaben. Dann werden uns die notwendigen Erziehungsmassnahmen des Lebens nicht so drastisch treffen. Bakterien und all die verschiedenen Organismen, die verbrauchte Materie zersetzen, können ihre Arbeit nur tun, wenn die Materie nicht mehr in Gebrauch ist. Wir sehen dies am einfachen Beispiel eines Komposts, in der Fruchtbarkeit des Bodens, in der Transformation der einen Form in eine andere, wodurch immer die Kräfte der Naturelemente aktiviert werden. Dieser Vorgang lässt sich anwenden auf die Muskeln des Körpers, auf das Denken und das physische Sehen, auf Charakter und Temperament und auf das innere Selbst. Nichtstun bedeutet Verfall. Aktivität in dieser Sphäre bedeutet die Beschleunigung und Erhöhung des natürlichen Bewusstseins und der Kraft der Wandlung.

Dies zeigt sich deutlich in der Kunst des Heilens. Hier können wir sehen, dass einige Menschen wirklich über die Eigenschaft verfügen, die Transmutation der Seelenkräfte und sogar die natürlichen Prozesse und Funktionen zu unterstützen und Veränderungen in Richtung einer Wiederherstellung der natürlichen Rhythmen zu bewirken. Was ist Heilen anderes als das Verändern des Rhythmus zurück in seine reine, ursprüngliche Form? Ob dieser dann gehalten werden kann, hängt allein vom Empfänger ab. Er kann entweder eine geistige Seelenaktivität aufrechterhalten, um den begonnenen Fortschritt zu vergrössern, oder er lässt sich gehen und führt dadurch eine Verschlechterung herbei, so dass sein Zustand sogar schlimmer wird als vorher.

Wir sind in mancherlei Hinsicht nicht nur unsere eigenen Ärzte, wir sind unsere eigenen Heiligen und unsere eigenen Teufel! Wir sind tatsächlich die Hoffnung eines Lebens im Bewusstsein, und wir können dieses erhöhen oder verringern, je nach Art der Kraft, die wir ausüben. Es ist die Fähigkeit jedes Menschen, sein eigener Arzt zu sein und in seinem eigenen Körper zu wirken, sein Umfeld zu verändern und seinen Charakter zu vertiefen oder zu erhöhen. In anderen Worten: die nutzbringende Selbstarbeit in einer Haltung stetiger Bewusstheit, in Begeisterung und Freude zu tun, anstatt das ganze Leben als Bürde zu sehen, als Langeweile, ohne Anregungen, ohne Freude.

Dies gehört zu dem Teil der Evolution, den wir im Bereich der Naturkräfte übernehmen. Die ganze Natur, alle Atome, alles Leben, jede Bewusstseins-Essenz hat das Recht zur Wandlung. Wir können natürlich durch unser Tun diesen Lebenskräften das Recht der Wandlung verweigern, indem wir sie lediglich als Mittel für unseren Lebensunterhalt verwenden und dadurch das Leben der Natur ausbeuten und erniedrigen.

Dies müssen wir tiefer anschauen: Es geht nicht um Vegetarismus oder um eine selbstgewählte «heilige» Haltung, es geht um die aufsteigenden Kräfte. Wenn wir die Kraft anstreben, wie Jesus sagen zu können, «Erhebe Dich, nimm Dein Bett und gehe», dann müssen wir irgendwie die Transmutationskraft auf höheren Ebenen erreicht haben. Das bedeutet, wenn alle Elemente unseres Systems, wenn die natürlichen Kräfte unseres Körpers sich in einem Zustand stetigen Aufstiegs befinden, dann sind Vitalität und Fruchtbarkeit der Lebenskraft dieses Körpers konstant. Wenn wir ihn mit toter und fauler Materie füllen, mit Leiden, mit Tod, mit Zerstörung der Natur – sei das durch eine bestimmte Ernährungsform oder eine bestimmte Form des Denkens –, dann werden wir selbst zu diesem Zustand der Zerstörung. Wir verlieren unsere Anmut, unsere Reinheit, wir fühlen uns deprimiert und leiden unter den verschiedensten psychischen Störungen. In anderen Worten, wir senken die Vitalität unserer Kraftübertragung und beginnen, auf niedrigeren Ebenen, denen wir nie angehören sollten, zu leben – existieren wäre vielleicht das bessere Wort. Der Unterschied zwischen jenen, die wach sind und denjenigen, die noch nicht erwacht sind, ist mehr als deutlich. Wir können Wachheit, einen Eifer, eine Achtsamkeit, eine Aktivität von Seele und Geist in einem Menschen erkennen. In allen, auch in dir, gibt es einen gewissen Punkt, der den wahren Plan berührt, die Blaupause der Geburt. Es gibt nur *eine* wahre Geburt – dies ist die Göttliche Geburt, die der Ursprung von uns allen ist. Für die jetzige Zeit wurde das Potential der Göttlichkeit, der Einheit in diesen Plan eingeprägt. Es war beabsichtigt, dass dies die führende Kraft sein sollte, die in allen Dimensionen wirken sollte – in allen Welten und Universen, durch die wir gehen würden.

Wir sehen natürlich, dass durch die Erfahrung der Gegensätze ein Grossteil dieser Blaupause verloren geht, doch die Dreiheit Seele-Denkkraft-Geist kann sie zu verschiedenen Zeiten erneut einscannen. Menschen am Rande des Todes können plötzlich, ohne irgendeinen äusseren Anlass, entscheiden weiterzuleben. Und das tun sie dann – viele weitere Jahre eines intensiven, aktiven Lebens! Man fragt sich, was da eigentlich geschehen ist. Hat sich die Lebenskraft, die eben noch am Erliegen war, unvermittelt durchgesetzt, ist innere Kraft auferstanden und hat die Führung übernommen? Von einem Moment zum andern sind die Körperrhythmen wieder hergestellt, Energie fliesst erneut in die Muskelgewebe und der ganze Plan dieses Lebens bekommt eine andere Bedeutung. Man sieht das immer wieder, besonders bei

Kindern, bei denen die Lebensmuster verzerrt worden sind. Jemand, der die Fähigkeit nutzt, einen Zustand zu wandeln und die unsichtbare Blaupause erneut zu aktivieren, lebt im Seelenbewusstsein. An diesem Punkt ist oft nichts anderes mehr nötig.

Wir alle geraten in Löcher, erleben Höhen und können oft nicht damit umgehen. Wir scheinen den inneren Drang verloren zu haben, diesen Wunsch, dieses innerste Verlangen, das Leben zu lenken, und lassen uns stattdessen vom Leben steuern.

Hier liegt wohl das Geheimnis eines langen Lebens – sicher kann das irdische Leben beträchtlich verlängert werden. Das heisst nicht, dass wir hundert Jahre hier bleiben sollten – Gott behüte, beim gegenwärtigen Zustand der Welt! Doch wir können eine solche Intensität des Lebendigseins erreichen, dass jedes gelebte Jahr drei oder vier Jahren im üblichen Zeitverständnis entspricht, so dass einige Jahre oder drei Kern-Jahre oder zehn solcher Jahre effektiv 250 Jahren spirituellen Fortschritts entsprechen würden, alle verpackt in ein aktives und freudiges Erdenleben. Dies bedeutet, dass wir die Vergeudung von Materie betrachten und herausfinden sollten, was wir denn falsch anwenden und zu welch verfehltem Ausdruck wir die Energie einsetzen.

Wir sind uns dessen sehr bewusst bei Spannungszuständen, Ängsten und Neurosen. Alle spirituellen Therapien, die ihren Namen wert sind, empfehlen Meditation und Stille. Sie empfehlen, physische Masken und physischen Stress loszulassen und zum meditativen Geist des Lebens zurückzukehren. Es gibt keine bessere Therapie, und je mehr wir den Zwängen der Evolution ausgesetzt sind, desto mehr müssen wir zum meditativen Prozess zurückkehren, um dort eine innere Antwort auf die äusseren Kräfte zu finden, die uns, würden sie sich selbst überlassen, bis zur Unkenntlichkeit entstellen würden.

Durch die spirituelle Wissenschaft und tieferes Verstehen sollten wir fähig sein, in der Neuen Zeit mit einer erhöhten Geschwindigkeit zu leben und dabei heiter zu bleiben, gesund und sicher. Die Evolution ist nichts Zufälliges, sie ist ein Teil des grossen universellen Plans der Bewegung. Transmutieren heisst verändern, heisst Form und Gestalt umwandeln, und genau dies tun die Kräfte der Evolution. Sie verändern stetig Form und Gestalt, die Richtung und die Materialien, während gleichzeitig der Evolutionsprozess des Denkens uns neue Pläne enthüllt, neue Muster von Materialien. Dabei werden neue Energiequellen freigelegt und wir sehen uns ständig mit der Herausforderung des Neuen konfrontiert.

Im Zeitalter des Lichts müssen wir uns nicht nur einer *neuen* Herausforderung im Leben stellen, sondern einer *besseren*. Es fordert uns auf, uns von den Knien zu erheben, aufzustehen und uns auszudehnen mit Gott, bis hin ins Himmelszelt zu reichen, uns unserem wahren Erbe entgegen zu strecken und aufzuhören, uns von einem unwissenden Umfeld zu Opfern machen zu lassen. Dabei meine ich nicht nur Unwissen auf der materiellen Ebene, obwohl dieses sehr gross ist, ich meine dieses schreckliche spirituelle Unwissen, das immer noch die Welt durchdringt und das sich wenig geändert hat, seit die ursprünglichen Religionen entstanden sind. Das Christentum ist immer noch voller heidnischer Gebräuche und Aberglauben, und zwar so stark, dass es praktisch unmöglich ist, diese zu durchbrechen – nicht einmal, wenn es darum geht, in den jüngeren Ländern ein Problem des Ackerbaus in ein neues Licht zu bringen. Der Widerstand durch Unwissen ist die grösste Seuche, mit der unsere Zeit zu tun hat.

Einerseits haben wir eine intensive materielle und rationale Bildung, doch wir haben wenig spirituelle Bildung, wenn überhaupt. Das Problem liegt darin, dass wir versuchen, aufgrund einer Abfolge von Legenden zu leben, während wir eigentlich neue, spannende Ereignisse umarmen sollten, die sogar grossartiger und vitaler sind als jene, die als ewige Geschichte der Menschheits-Legende erzählt werden. Es nützt nichts, zurückzugehen in die Zeit des fünften, sechsten oder sogar des ersten Jahrhunderts, um Hinweise auf einen lebendigen Glauben zu finden. Wenn das Wunder nur zur Zeit vor zweitausend Jahren gehört, warum kümmern wir uns heute darum? Ist es nicht wichtiger, diese grundlegenden Faktoren in die Aktivität der spirituellen Wissenschaft zu bringen, hier und jetzt, oder können wir sie nur in Hymnen besingen und von ihnen träumen, ohne sie je wahr zu machen? Dies alles ist ein grosser Widerspruch. Nicht nur dass wir eine überholte Religion leben, sondern dass die Unwissenheit dieser Religion uns davon abhält, zu neuen Horizonten aufzubrechen.

Und so kommt es, dass die esoterischen Lehren und die alte Weisheit sich mit der Menschheit in diese neue Ära vorwärts bewegen und eine wundervolle Resonanz auslösen: das Potential des Menschen und seine aussergewöhnlichen spirituellen Fähigkeiten, auf den höheren Ebenen zu manifestieren und nicht nur neue Muster von Gesundheit und Realität hineinzubringen, sondern wirklich eine neue Dimension zu kreieren.

Es genügt nicht, wenn wir zurückschauen und einfach Sakramente und Zeremonien wiederholen oder Bücher lesen, die von irgendeinem Eingeweihten aus vergangenen Jahrhunderten geschrieben wurden. Wir sollten das Leben nicht nur als Karma betrachten, sondern als Gelegenheit; wir sollten in ihm die Fehler und die Belohnungen der Vergangenheit sehen. Das heisst, die Verdienste früherer Leben zeigen sich im Licht des Heute. Die Medizin muss dies berücksichtigen. Es reicht nicht, Krankheiten mit Medikamenten zu behandeln – wir müssen jeden Aspekt der menschlichen Verantwortung von der Vergangenheit aus betrachten, sollten sehen, welche Verdienste nötig sind, um in die Zukunft einzutreten, um sie von Schuld zu befreien und in einen neuen Plan des Lebens zu integrieren. Krankheiten nur auf der körperlichen Ebene zu heilen bringt uns nicht sehr weit. Nur wenn wir beginnen, durch das höhere Denken und den Geist zu heilen, kann wahre Heilung geschehen. Alles andere ist lindernd, ist sogenannte «Erste Hilfe», doch die Seelenkraft, die Geisteskraft bleibt hungrig und ungenährt. Der Mensch ist dann immer noch voller Angst und kann sehr leicht angegriffen werden.

Es gibt eine Geschichte über einen Mann, der gegen seinen Glauben rebellierte. Dafür verwehrte man ihm die Absolution und das Sakrament und machte ihn überhaupt zu einem Ausgestossenen – der Himmel wurde ihm verboten. Als sie mit ihm fertig waren, sagte er zu ihnen: «Meine Herren, Sie verkaufen einen Gott, den Sie nicht besitzen. Dies kann mir nur etwas anhaben, wenn ich vor Ihnen Angst habe. Dies ist schlimmster Aberglaube. Es ist nicht die Freiheit des Geistes, der vergibt und Mitgefühl empfindet, Barmherzigkeit und Verständnis. Dies ist abergläubische Verleumdung, und ich habe genug davon.» Das Resultat war, dass sie machtlos waren gegen ihn, weil die Wahrheit – oder der Mangel an Vision – dessen, was sie zu tun versuchten, in einem völlig neuen Licht erschien.

Dies heisst nicht, dass wir keine Zeit für die alten Religionen haben. Wir müssen sie durch unser eigenes Denken modernisieren, wir müssen die alten Botschaften, welche diese Weisen, Eingeweihten und grossen Meister hinterlassen haben, durch die Kraft des lebendigen Geistes transmutieren. Wir leben in einer unstabilen Welt, und doch ist dahinter eine grosse Stabilität, eine Ordnung, die uns erlaubt, viele Fehler zu machen, aber die uns doch vor diesen Fehlern rettet, wenn wir danach streben, mit der richtigen inneren Haltung über das Bewusstsein zu lernen.

Empfange daraus, wenn du möchtest, ein neues Gefühl des Eingebundenseins. Wir treten hinaus aus den Geschichtsbüchern, wir bewegen uns weg von bemalten Glasfenstern, wir entfernen die merkwürdigen Heiligenscheine, krempeln unsere Ärmel hoch und bemühen uns um eine lebendige Beziehung mit Gottes Welt – mit der Fähigkeit zur Wandlung.

Wir alle haben Arbeit zu tun am eigenen «Wetter» unseres Temperaments. Welche Schulung auch immer, welche Veränderung unserer Abläufe auch immer, wir meistern innerhalb unserer eigenen Gewohnheiten das eigene Selbst. Wir tun dies für die ganze Welt. Wenn wir eine neue Schwingung, eine neue Einstellung, einen neuen Kraftstrom in unsere alltäglichen Probleme hineinbringen, dann tun wir dies für die ganze Gemeinschaft.

Welche Art von Selbstarbeit oder Entdeckung der tieferen Ebene, der Natur und des Charakters auch immer wir machen, wir beginnen, die psychologischen Probleme unserer Zeit zu enträtseln. Wir sind die Werkstätten, wir sind das Potential. Alles, was wir brauchen, ist der innere Weg, ist die Wahrheit der inneren Kraft, um diese Aufgaben zu erfüllen und einzig die Bestimmung des einen Gottes zu leben. Es ist möglich, alles, was du wünschst, zu transmutieren. Doch zuerst sollten wir um Weisheit bitten, damit wir unterscheiden können, wo Wandlung notwendig ist und in welchem Rhythmus und welcher zeitlichen Abfolge sie geschehen sollte.

Nun wollen wir uns etwas genauer mit dem befassen, was wir das grosse Mysterium der Ereignisse nennen. Die Lebensereignisse sind nicht zufällige Zusammenstösse von Persönlichkeiten und Chemikalien. Sie sind Teil der Blaupause, deren Inhalt sich durch die Naturkräfte herausbildet, die dann auf die Umgebung und die Atmosphäre unserer Leben stossen. Wie der Mond die Gezeiten und die Sonne die magnetischen und elektrischen Felder beeinflusst, so sind bestimmte Ereignisse miteinander verbunden – eines ist mit dem anderen verkettet. Sie interagieren überall im Universum und scheinen auf den ersten Blick nicht miteinander vernetzt; doch es gibt kein nicht vernetztes Ereignis. Jedes Ereignis, das geschieht, jedes Muster, das sich zeigt, sie alle sind Teil der grossartigen Bestimmung der Menschheit. Du magst sagen: «Was kann es ausmachen, ob ich diesen Bus erwische, ob ich diesen Brief schreibe, ob ich dies oder jenes tue?» Die Antwort liegt darin, ob du im richtigen Rhythmus mit dem Leben bist, je nach deinem Zustand der Empfänglichkeit. Dies ist sehr spannend, denn anstatt jedes Ereignis als Katastrophe zu sehen, betrachten wir es als aufregendes Phänomen. Dies einem Mann zu erklären, der soeben eine gut bezahlte Stelle mit Pensionskasse verloren hat, ist zwar schwierig. Er ist plötzlich dem Markt ausgesetzt, wo er versucht, seine Talente dem Höchstbietenden zu verkaufen – und wird dabei mehr und mehr gedemütigt. Wenn du ihm gegenüber andeutest, dass dieses Ereignis wahrscheinlich das Beste ist, was ihm passieren konnte, wird er dies schwerlich glauben. Doch es könnte Zeit sein, dein eigener Meister zu werden – du bist lange genug Diener gewesen! Anstatt also deine sogenannten Talente auf dem Marktplatz vorzuführen, damit sie von anderen Menschen verachtet und verhöhnt werden, nimm dein Leben in die Hand und sag: «Von diesem Tag an bin ich ein freier Mensch, und ich werde meinen Lebensunterhalt durch meine Fähigkeiten verdienen und werde für mein Auskommen voll und ganz selbst aufkommen.» Warte nicht, bis der Lauf der Ereignisse dich zwingt, dies zu tun. Eines Tages wirst du ein sehr grosses und erfolgreiches Geschäft haben. Eines Tages wirst du fähig sein, vielen Menschen zu helfen. Dies einzig dadurch, dass dein Mut auf die Probe gestellt wurde durch das mysteriöse Ereignis, das deine Möglichkeiten der Kontrolle zu übersteigen schien.

Akzeptiere diese Vernetzung, und jedes Mal, wenn etwas geschieht – sei es gut, schlecht oder weder noch –, betrachte es als Teil der Blaupause, die sich in der Gemeinschaft entfaltet, im Umfeld, in der Persönlichkeit, und reagiere darauf aus dem Gefühl heraus, dass du verstehst. Wenn du einmal so reagiert hast, wirst du durch das Ereignis hindurchgetragen, bewusst oder unbewusst, und du wirst feststellen, dass sich dein Schicksal verändert, du wirst Menschen treffen, du wirst Bücher lesen. Du wirst Dinge sehen, an Orte gehen, wo die ganze Kette der Ereignisse dich hinbringt, an jene Orte, zu jenen Menschen, jenen Gedanken, jenen Ideen, denen du angehörst. Doch setzen wir diesen Ereignissen Widerstand entgegen und empfinden sie als unbequem, kämpfen wir darum, sie zu verändern und betrachten sie als Verlust, als Unglück und Erniedrigung, dann werden wir natürlich zu Opfern des grossartigen Ereignisses anstatt zu Menschen, die für die Umwandlungskräfte der Evolution empfänglich sind und mit ihnen gehen.

Die drei Zeiten der Meditation während des Tages (morgens, mittags, abends) sollten also ein Teil deiner Einstimmung sein, durch welche die Seelenkraft sich wieder auf ihre Blaupause einstimmen kann, auf ihr ursprüngliches Muster. So wird sie neue Anweisungen entgegennehmen und sich von den drittdimensionalen Zwängen lösen, damit du dich in deinem Lebensalltag wieder geistig ausdrücken kannst. Alles, was für diese grosse und wunderbare Gabe von uns verlangt wird, ist, dreimal täglich fünf Minuten einzusetzen, um in Einklang mit der Grenzenlosigkeit zu kommen und für das Kommende neu instruiert zu werden. Erkenne, dass du ein Kind Gottes bist. Du bist Mitschöpfer, du wirkst mit am Umsetzen des Plans des Neuen Zeitalters, durch das die Umwelt und die Atmosphäre der Menschheit gewandelt werden kann.

Schau jedes Hindernis oder jede Schwierigkeit, die sich zeigt, an und akzeptiere sie, um sie zu verändern. Es gibt nichts Schöneres als mit Menschen zu leben, die eine Änderung auf ihrem Weg annehmen können, die sie packen, die ihr etwas hinzufügen und auf ihrem Weg weitergehen, freudig und lachend. Ein grosser Kontrast zu einer Situation, wo ein Wort, das einen Routine-Ablauf verändert, das ganze Büro in Aufruhr versetzt oder die Produktion einer Fabrik zusammenbrechen lässt. Wo dann Persönlichkeiten herumstampfen, wo Beschuldigungen ausgesprochen werden – die Schlafwandler sind gestört worden!

Deine Aufgabe ist nun Folgende: Tritt ein in diese neue Vitalität voller Empfänglichkeit. Akzeptiere die Dinge, die wir verändern können, akzeptiere mit Heiterkeit die Dinge, die wir nicht verändern können, und bitte um die Weisheit, den Unterschied zwischen beiden zu erkennen.

11
Liebe ist Leben – Leben ist Liebe

Im weiten Feld der Liebe und der Macht sind wir eingebunden in die wahre Essenz des Lebens, sind eingebunden in die Seelenkraft der Schöpfung. Liebe und Macht bilden den Stoff, der sich durch alle Lichtwelten webt. Die *eine* Urkraft, das geistige Feuer, ist die Quelle der magnetischen Kraft, der elektrischen Energie und der weiten Felder der organischen und anorganischen Materie auf Erden. Durch all diese Felder taucht die Urkraft auf, taucht wieder und wieder auf, formt sich und drückt sich aus. So viele Namen gibt es für dieses geistige Feuer, und doch kann es nicht gemessen oder gewogen oder gesehen, sondern kann nur durch die vielen, vielen Manifestationen erkannt werden.

So könnten wir sagen, dass es für uns Menschen ein Mysterium gibt, das wir «X» nennen wollen, das alle Lebensebenen durchdringt und das der Kitt des Universums und unserer irdischen Welt ist, der Kitt, den wir auch Liebe nennen. Gleichzeitig wirkt dieser Kitt, den wir Liebe nennen, sowohl aufbauend wie auch zerstörend. Liebe ist kein Pflegemittel. Liebe ist nicht etwas, das nur abgeklärt, fein und freundlich ist. Reine Liebe ist dynamisch, ist Feuer, ist Aktion in der Aktion. Liebe ist die Anregung, alle Gesetzmässigkeiten, wie auch die der Dualität und der Polarität, in der eigenen Bewegung zu leben. Und so finden wir uns dann im Alltag versehen mit magnetischen und elektrischen Kräften, die sich durch unseren emotionalen, mentalen und physischen Körper ausdrücken und unsere Umwelt mit dieser unsichtbaren Urkraft durchdringen.

Liebe erfüllt nicht nur unsere chemische Welt, unsere menschliche Natur oder das All, sondern durchdringt auch unsere individuelle Natur, die Seele, die sich dadurch in einem physischen Körper in einer enormen Konfliktsituation befindet. In Konflikten durch Gegensätze und Vergleiche! Wie oft denken wir, dass Liebe Frieden ist. Und dann befinden wir uns in Lebenssituationen, die uns in eine furchtbare Aufregung bringen, die uns einerseits trennen, um dann wieder zu vereinen. Dahinter wirkt die *eine* grosse Kraft, die alles zusammenschweisst.

Die Liebe wird auch das Schwert genannt. Aus diesem Grund müssen wir die Liebe neu betrachten und sie nicht auf menschliche Sichtweisen reduzieren. In der geistigen Kommunikation und in der Lichtarbeit haben wir es mit Frequenzen zu tun, deren Geschwindigkeit für das menschliche Gehirn und für das menschliche Auge viel zu hoch ist. Wir befassen uns naturgemäss mit dem Licht und mit all seinen Variationen von Farben und Energie und lassen es durch unsere individuelle Natur fliessen. Licht ist der Motor der menschlichen Vorstellungskraft, mit der dann – auch wenn sie nur eine ganz kleine Menge der unendlich weiten «X»-Kraft nutzen kann – in allen möglichen Variationen gemalt, geschrieben, gebaut, geschöpft, geformt, entworfen wird. Dies mit begrenzten wie auch mit unbegrenzten Möglichkeiten. Aus diesem Grunde drücken sich einige Menschen für die Allgemeinheit und andere für den eigenen Hausgebrauch aus.

Liebe ist nicht eine menschliche Emotion. Liebe kann sich durch eine menschliche Emotion ausdrücken, genauso wie sie sich auch durch die Kunst ausdrückt. Liebe ist Harmonie, Macht, aber auch Konflikt. Es ist die Liebe zum Leben, die uns, kaum sind wir aus einer schwierigen Situation wieder aufgetaucht, in die nächste hineinstürzen lässt. So könnten wir sagen, dass Liebe mehr leert als füllt. Dies hat seinen Sinn: Ein leeres Gefäss kann empfangen, ein volles Gefäss kann nichts mehr aufnehmen. Und so werden wir immer und immer wieder geleert, was uns ermöglicht, das Mysterium «X», die Feuerliebe also, durch unser Bewusstsein und unsere menschlichen Gedankengänge und Taten noch stärker zu nutzen. Wenn wir das begreifen, dann entdecken wir, dass unser menschliches Feld der Chemie auf Liebe aufgebaut ist – mit ihren Gegensätzen, mit ihren Vergleichen und mit ihrer Harmonie, mit ihren Uneinigkeiten, mit ihren Variationen, mit ihren feinen Verbindungen, Vorlieben, Ähnlichkeiten und Verschiedenheiten. Eigenartig ist die Vorstellung, dass wir Liebe lernen müssten. Dass wir lernen müssten, wie wir uns verändern und ganze Ketten von Aktion in Bewegung setzen können. Nein, müssen wir nicht! Denn diese enorme Kraft ist überall, sowohl im Licht wie auch in der Dunkelheit, und stimuliert und ändert uns ganz von selbst. Liebe ist immer mit uns. Und wir mit ihr.

Im biologischen Lebensfeld mit all seinen verschiedenen Schichten bis hin zu den Einzellern ist immer die Liebe die treibende Kraft und evolviert, kreiert, züchtet, ändert und formt. Erstaunlich, wie eine sich nie ändernde Kraft wie die Liebe alles Leben auf jeder Ebene unablässig verändert. Wir sehen das in der Mineralwelt, in der Pflanzenwelt, in der Tierwelt und in der Menschenwelt – Liebe bringt Veränderung durch Konflikt. Wir sehen es auch beim Wetter mit seinen enormen Stürmen, bei Erdbeben, Überschwemmungen und Vulkanausbrüchen, sehen es aber auch beim Sonnenuntergang und beim Vogelflug – immer und unermüdlich verändert die Liebe den Rhythmus des Lebens und bringt ihn in neue Prägungen und Anpassungen.

Für uns Menschen ist deshalb die Kommunikation überlebenswichtig, sei es nun mit andern Menschen oder mit anderen Wesen der Erde oder des Universums. Kommunikation basiert auf der Energie der Liebe, und wir alle wissen darum. Wenn keine Sympathie, keine Harmonie, kein Konflikt oder kein Gleichgewicht zwischen uns und einem andern Objekt oder Subjekt besteht, besteht auch keine Kommunikation. Es entsteht eine Leere, ein Vakuum, wo wir dann die Liebe nicht als Brücke benutzen, um dieses Vakuum wieder aufzulösen. Denn es ist nur die Kraft der Liebe, die alle Welten miteinander verbindet, die alle Lebensfelder miteinander verbindet, alle Schöpfungen des Universums, die uns zum Teil bekannt, aber auch nicht bekannt sind. Die Liebe ist der Schlüssel zum Leben. Die Liebe ist Wirkkraft, die uns alle zusammenhält und vereint.

Auch wenn uns die Liebe in Veränderung und Konflikte bringt, ist sie doch grundsätzlich mitfühlend in ihrer grossen Tiefe, die die Urkraft als Echo in unser Leben zurückwirft. Mit ihrem grossem Mitgefühl kann sie auch störend sein, heftig in ihrer eindringlichen Schönheit, ohne die das Leben keinen Glanz und keinen Sinn hat. Liebe ist aufregend und ihr Glühen ist der Geschmack des wahren Lebens. Wenn wir die Lebenswürze der Liebe und die Bedeutung der Gefahr, die Liebe zu leben, nicht erkennen würden, so wäre unser menschliches Leben ohne Genuss, ohne Feuer und ohne Leidenschaft. Wir hätten keine Linie und keine Richtung und keine Absicht – kein Leben halt.

Diese unteilbare Kraft lässt uns auch erkennen, dass Bewusstsein Liebe ist, dass Leben Liebe ist, dass Gott Liebe ist, dies obschon in all unseren menschlichen Feldern ständig Störungen auftreten. Lässt uns auch erkennen dass die Evolutionsmuster von der Liebe umarmt und gehalten werden, denn Evolution und Liebe sind Partner. Dadurch können wir nicht statisch werden, faul oder träge, dadurch gehen wir nicht verloren. Dies gilt für alle unsere Ebenen, sowohl für die biologisch-chemische wie die emotionale, die mentale und die spirituelle. Liebe ist in der Inkarnation immer aktiv. Dadurch bekommt das Leben alle Konflikte, die es braucht.

Wir können sicher sein, dass wir alle Konflikte tragen können und ertragen werden. Wenn wir die Kraft der Liebe in unserer Chemie, in unserem Charakter und in unserer Persönlichkeit zulassen, werden wir nie einen Nervenzusammenbruch oder eine Depression erleiden. Denn die Liebe als Kraft lenkt die Chemie in den Zellen und in den Drüsen und wehrt Infektionen im menschlichen Körper ab, der erst durch die Zusammenschweissung aller Aspekte lebenstüchtig wird. Dies erklärt, dass ein Zusammenbruch, eine Krankheit oder eine Situation, in der Verfall oder Fäulnis auftreten, nur beweisen, dass die Verbindung zum geistigen Feuer, zur Liebe nicht gelebt wird. Natürlich wissen wir, dass das Körpersystem Teil des himmlischen Systems ist, dass der Körper ein eigenes Universum im Universum ist und dass ihm deshalb die Kommunikation ein Bedürfnis ist. Zum Beispiel die Kommunikation zwischen Herz und Lungen, zwischen dem Kreislauf und den Nerven sowie auch dem Verdauungssystem, dem Denken, dem Fühlen und der Seele.

In hundert Jahren werden wir vielleicht dieser Kraft einen anderen Code oder Namen geben, weil die Frequenz und der Fluss der Energie besser bestimmt werden können. Aber für heute begnügen wir uns mit dem Wort «Liebe» und mit den beiden drittdimensionalen Polen «Liebe und Hass», die nur eine Manifestation dieser einen Kraft sind, die zur gleichen Zeit kreieren und zerstören kann. Der menschliche Körper ist gleichzeitig sauer und basisch und hat deshalb die gleichen Eigenschaften wie eine Pflanze. Aus Säure und Base sind alle Formen gemacht. Und es ist das Eiweiss, das einen Wechsel in den Molekülen und der Frequenz erzeugt und dadurch eine neue Substanz entstehen lässt. Diesen ständigen Wechsel der grundlegenden Elemente und ihrer Entwürfe können wir in der ganzen Natur beobachten, bei den Bäumen, bei den Felsen, bei den Tieren und natürlich den Menschenkörpern.

Nur der Mensch hat damit ein Problem, denn die Funktionstüchtigkeit seines mentalen und seines seelisch-spirituellen Lebens ist dadurch ständig in Gefahr. Heisst es nun, dass wir nicht genug lieben? Oder nicht genug kommunizieren? Sind wir in ein universelles System eingebunden, wo sich sogar die Engel zu Tode fürchten? Die Antwort heisst «ja». Und damit kommen wir zum Kern der Sache: Das Feuer der Liebe und das Feuer der Macht ist dasselbe. Und beide sind so unzertrennbar wie Krieg und Frieden.

Manche Menschen denken, dass sie keinen Wunsch nach Macht haben, dass sie demütig und bescheiden sind und mit dem zufrieden – in Frieden –, was sie haben. Das ist natürlich nicht wahr. Denn Macht ist die Färbung, ist die Droge, ist die Essenz des Risikos. Und das Risiko heisst «Spiel» und somit ist das Lebensspiel ein Risiko. Hier müssen wir sehr wohl unterscheiden: Ist die Macht in der Eigenliebe verankert, dann produziert sie Millionäre zum Eigenzweck, produziert sie gewissenlose Politiker, produziert Zwänge und führt den Menschen eine grosse Keule schwingend, ähnlich einem Höhlenbewohner, durchs Leben. Dies ist natürlich für die anderen Menschen nicht akzeptierbar und verletzt sie. Nun, dennoch sind solche Menschen nötig, denn sie brechen die Trägheit der andern und der Systeme auf. Aber trotzdem, es ist Macht ohne Liebe und ohne Weisheit. Und das Leben solcher Machtmenschen ist sehr einsam und isoliert. Nur sehen sie das nicht so, denn in ihren Positionen sind sie nicht einsam, sondern sind an der Spitze. Aber ihr Innenleben ist sehr oft kalt, misstrauisch, erbärmlich, unglücklich, armselig und vom wahren Leben isoliert.

Nur die Liebe darf die Grundlage der Macht sein, die dann zum Aufbau und nicht zur Zerstörung benutzt wird. Wohl ist es die Kraft der Liebe, die ganze Nationen in die Knie gezwungen hat, die ganze Zivilisationen vom Erdboden gefegt und sie gerade dadurch auf ihren Weg, in ihre Erhöhung und ihre Bestimmung gebracht hat. Jeder Mensch ist zusammengesetzt aus Liebe, Hass und Macht und hat seine ureigene Mischung in seinem Charakter manifestiert, die sich dann in seiner Persönlichkeit zeigt. Alles, was in den Höhen der Himmel und in den Gedärmen der Erde sich bewegt, hat mit dir und mit mir zu tun. Dies sollte uns nicht ängstigen, sondern uns freuen, dass das Feuer der Liebe dadurch immer wieder aktiviert wird. Natürlich, uns passieren die seltsamsten Dinge und Sachen; in einem Moment sind wir heilig und im andern ein Sünder. In einem Moment erreichen wir den Himmel und im andern stehen wir am Rand des Abgrunds. Als Mensch leben wir eigentlich in einem Niemandsland, leben wie in einem Aufzug, von dem wir nie wissen, ob er jetzt nach oben oder nach unten fährt. Aber mit genau diesen Fahrten im Aufzug hat die menschliche Persönlichkeit Hoffnung und Zukunft. Natürlich, den Knopf im Aufzug drücken müssen wir noch selber, aber indem wir fahren, können die drei Aspekte von menschlicher Liebe, Hass und Macht in die wahre Liebe reifen. Somit sind diese Bewegungen, diese Konflikte und diese Beunruhigungen die grossen Wecker in der Evolution des Lichts. Natürlich, auf diesem Weg müssen viele Opfer gebracht werden, was von den Menschen meistens zu wichtig genommen wird. Die Folge davon ist, dass sie sich wehren und auflehnen.

Der menschliche Wille aktiviert menschliche Wünsche, und so sind wir ewig hungrig. Hungrig nach was? Wenn in der menschlichen Persönlichkeit gewisse Teile noch nicht gefestigt sind, wenn der Mensch sich nicht einer direkten Linie verpflichtet, dann kann Chaos entstehen. Dann wissen wir nicht, wohin wir gehen, warum wir überhaupt gehen, machen uns auf nichts einen Reim, nichts macht Sinn und das Leben erscheint uns schwierig. So können die Menschen negativ werden und erfahren die Welt als unbarmherzig, unfreundlich und grimmig. Sie führen ein Leben mit Zähnen und Krallen (Auge um Auge, Zahn um Zahn). Sie sehen vor allem

Hässlichkeit, sind verzweifelt und fühlen sich arm. Wahrlich, eine eigenartige Krankheit. Viele durchlaufen sie und geben ihr verschiedene Namen. Die Wahrheit ist, dass jeder irgendeinmal leiden wird. Und in jedem Leid macht sich das Gefühl breit, dass die Welt aus den Fugen gerät, dass man ganz allein ist und dass es keinen Weg mehr gibt. Wir nennen es dann emotionale Krise, Depression, Unfall oder geben ihm den Namen irgendeiner körperlichen Krankheit. In solchen Momenten sind wir raumlos, gewichtslos und allein. Wir sind auf unsere eigenen Quellen zurückgeworfen, sind gezwungen, mutig die eigenen Flügel auszubreiten. Aber immer gibt es andere, die sich um die Welt kümmern und jene an den Höhepunkten ihres Leidens umsorgen. Vergessen wir nicht, keine Frau und kein Mann ist genau gleich. Und doch machen wir alle ähnliche Erfahrungen, wie zum Beispiel die, dass sich in einem Bruchteil einer Sekunde ein innerer Weltuntergang ereignen kann, der dann unsere Einstellung zum Leben verändert. Solche Ereignisse sind für uns ein sehr realer, harter Aufprall im eigenen Leben.

Wie gesagt, jedermann ist anders und ist gemäss seinem Temperament und seinem Charakter, ist gemäss Liebe, Hass und Macht anders zusammengesetzt. Und so wird jedermann auch anders genesen. Was können wir nun tun, um diese drei Kräfte (menschliche Liebe, Hass und Macht) von einem Zustand der Zerstörung in einen Zustand des Aufbaus zu bringen? Das kann nur durch Eigenarbeit geschehen. Die Eigenliebe zum Beispiel kommt in vielen Verkleidungen daher: Arroganz, Eigenwille, Eifersucht und Neid, kurz gesagt, sie zeigt sich in allen Untugenden und Schwächen. Dies sind aber wunderbare Verbrennungsstationen, die uns für eine Weile in einen Zustand des Leids und des Chaos stürzen. Deshalb können wir im einen Moment normale menschliche Bürger mit einem Lächeln auf dem Gesicht sein und im nächsten zur griesgrämigen, verdorbenen, hasserfüllten Person werden. Irgendetwas hat uns auf die unterste Ebene der primitiven Lebensmuster katapultiert und wir werden wieder zum Menschen mit Klaue und Keule. Irgendetwas hat uns über eine unsichtbare Linie in die Trennung vom Feuer der wahren Liebe gestossen, hat uns vom Zustand der Vernunft, der Gesundheit, des Gleichgewichts in den Zustand einer haltlosen, animalischen Natur zurückverwandelt. Wir können noch so zivilisiert und spirituell entwickelt sein, werden aber das wahre Leben nie kennen, wenn wir nicht aus eigener Kraft die Liebe und die Macht auf all unseren verschiedenen Ebenen integriert haben.

Ob wir dies nun lieben oder nicht, in der esoterischen Arbeit müssen wir die Lebensgrundlage in der tiefsten Materie in uns annehmen. Das heisst also, dass wir nicht mit rosaroten Brillengläsern der Liebe und des Lichts auf dem Planeten herumwandern sollten. Denn wie alle Menschen haben wir das animalische Potential in uns, das uns in Extremsituationen zum dreidimensionalen Siedepunkt bringen kann. Die Linie zwischen der wahren Liebe und der menschlichen Liebe und der Macht ist rasiermesserscharf. Darüber gibt es keinen Zweifel. Als Mensch wandern wir auf dem Hochseil der Realität und müssen sehr genau schauen, wo wir hintreten. Was ist denn nun Gewalt, was ist Zerstörung, wie ist denn unsere launische Befindlichkeit? Wenn wir genau hinschauen, ist die ganze öffentliche Unterhaltung auf diese Aspekte abgestimmt: auf Tod, Zerstörung, auf Mord, auf Vergiftung, auf Drogen, auf die Beschönigung und Ausschmückung der menschlichen Gesellschaft, auf Gefängnis, Geisteskrankheit, auf die Unterwelt und die Aussenwelt, in die sich alle Menschen hineinziehen lassen. Müssen denn Zivilisationen so tief fallen und sich mit diesen Energien nähren, damit sie zugrunde gehen?

In der heutigen Zeit müssen wir konzentriert hinschauen und viele Dinge neu betrachten. Werfen wir doch einmal einen Blick auf den Strassenverkehr mit seinen Unfällen: Jeden Tag sterben Hunderte von Menschen durch den Verkehr und es berührt uns nicht persönlich. Sonst würden wir nämlich nicht, wenn wir selber am Steuer sitzen, ungeduldig werden, den anderen unhörbar anfluchen oder die Verkehrsregeln brechen, wenn gerade niemand hinschaut. Ein anderes Beispiel: Wir kommen gut mit jemandem aus, bis er eines Tages ein falsches Wort sagt. Sofort zerreissen wir ihn in Stücke und wollen ihn nicht mehr sehen. Was will ich nun mit diesen Beispielen sagen? Ganz einfach: Wie verlässlich sind wir denn eigentlich? Nur wenn wir verlässlich sind und um diese Trennlinie wissen, sind wir reif genug, um die eine Kraft, um die Liebe in uns zu lenken und die primitiven menschlichen Ebenen der Liebe zu lassen. Jederzeit können wir in die höchste Schwingungsebene eintreten und von dort aus die niedrigste lenken. Das ist Disziplin, das ist Schöpfung, das ist das Wissen darum, dass Liebe zerstören, aber auch aufbauen kann.

Nun kommt der Moment, wo wir uns erheben und aus dem Dampfkessel, aus dem Hexenkessel des Niemandslandes, der Konflikte hinaustreten können. Dies ist der Moment, in dem wir bewusst von der dritten Dimension (Materie, wo gemessen und gewogen wird) in die vierte Dimension (wo die Archetypen der Seele und die Lebensmuster des Geistes kodiert sind) eintreten – mit unserem Körper! Die höheren Dimensionen werden nun zur Quelle der menschlichen Liebe und der menschlichen Macht. Und wir erkennen, dass wahre Liebe kein Ende hat. Diese kann dann durch uns zu denjenigen fliessen, die sich noch im Hexenkessel der dritten Dimension stationiert haben. Unsere Herzen, unsere Hände, unsere Füsse, unsere Stimmen und unser Denken werden verlässlich, werden sorgfältig und bekommen eine andere Ausrichtung. Die Engel reichen uns die Hände und helfen uns und wir können den andern in der dritten Dimension die Hände reichen und ihnen helfen. Das ist Evolution, das ist Liebe, das ist Macht, das ist das geistige Feuer, das heilen kann, das Wunden waschen, mentale Kräfte richtig ausrichten und den Körper stärken, das Hoffnung, Zukunft und Leben geben kann.

In unserer esoterischen Arbeit, in der wir uns vom Niedrigsten zum Höchsten wandeln, müssen wir über diese Dinge Bescheid wissen. Dann hören wir auf, die Menschen in Heilige und Sünder einzuteilen, sondern sehen sie als unbewusste Opfer des eigenen Lebenskonflikts. Ohnmacht kann jederzeit jedem geschehen, dem einen heute, dem andern morgen. Das ist das, was so viele geistige Lehrer über die Jahrhunderte hinweg immer wieder aufgezeigt haben. Wenn wir nämlich im Leben eine höhere Lichtfrequenz und Liebesfrequenz einsetzen, als wir es bisher getan haben, so könnten wir alle unsere Munition und Atombomben entsorgen. Wir brauchen keine Polizei mehr, können die Gefängnisse und die psychiatrischen Kliniken schliessen, die Spitäler verkleinern und ein komplett neues Menschheitsleben erfinden und führen.

Das ist kein Traum. Das ist auch nicht eine Vision, die sich nie erfüllen wird. Es ist eine Vision, die bereits in ihren Ansätzen sichtbar ist. Doch kann sie sich nur materialisieren und erfüllen, wenn es genug Lichtarbeiter gibt – Menschen wie du zum Beispiel –, die bereit sind, sich zu erheben und ihre menschlichen Schwächen und Launen zu transformieren, die bereit sind, niemanden mehr zu verurteilen, einzuteilen, zu kritisieren und das Leben mit allen zu feiern. Was auch heisst, sich nicht hervorzuheben, um andere schlechter dastehen zu lassen. Wir alle können es uns gut gehen lassen auf anderer Leute Kosten, aber es braucht wirklich grosse Seelen, um nicht anderer Leute Kompliziertheit und Empfindlichkeit auszunutzen. Wenn wir die Aussenwelt betrachten, herrscht dort sehr viel Unwissenheit und Betrug, was noch als guter Geschäftssinn ausgelegt wird. Aber eigentlich ist es nur schlechte Liebe.

Dann beginnt ein Leben, das nicht auf Eigenliebe basiert, das die drittdimensionalen Sichten transformiert hat, ein Leben, das leichter, schöner und in heiliger Verbindung gelebt wird. Sei niemals zufrieden mit dem Hexenkessel der dritten Dimension. Sei nicht zufrieden mit dem Dschungel der Aussenwelt. Erhebe dich und lebe nur noch von der vierten Dimension aus. Erblicke mit dem inneren Auge das Mögliche, erblicke das, was sich entfalten kann, das Schöne, das Höchste, und lebe die Inspiration, die Liebe und die Macht. Deprimiere die Welt nicht mit deinen Sorgen, mit deinen Kritiken, mit deinen Zweifeln und mit deinen Geschichten, auch nicht mit deinen Wünschen, sondern befreie dich und die Welt davon. Das ist die Arbeit an sich selbst, das ist die Arbeit in sich selbst.

Liebe ist nicht allein. Liebe ist All-Ein. Das Feuer der Liebe liebt die Menge von Allem. Liebe ist das Grösste und teilt sich in viele kleine Aspekte, die sie schöpft, befruchtet, düngt und in der dritten Dimension aufwachsen lässt. Das ist Evolution, das ist Vitalität, basierend auf Liebe und auf Macht.

12
Eintauchen in die Sphären der Seele

Das Universum und die Welt, wie wir sie kennen, ist ein einziger grenzenloser Schöpfungsraum, in dem die Menschheit in den komplizierten Mechanismus der kosmischen Gesetzmässigkeiten eingebunden ist. Und diese Ordnung, die sämtliche Abläufe von Ursache und Wirkung, von energetischen Bewegungen und feinstofflichen Strömungen beinhaltet, zeigt sich auch in den Phänomenen des irdischen Lebens, durch die die Seele in einem Körper reift. Wir erkennen, dass das All nicht leer ist und die anderen Planeten nicht unbewohnt sind. Somit können wir uns den Luxus eines beschränkten Denkens nicht mehr leisten, der da sagt, dass wir, die Menschheit, das Zentrum des Universums und das Wichtigste im weiten Feld des Lebens sind. Wir sind einfach Wesen, so wie es alle anderen Wesen auch sind, eingebunden in die Absicht der Evolution. Es liegt noch ein langer Weg vor uns, bis wir nur einen Hauch von Ahnung über die endlose Weite des Bewusstseins erhaschen dürfen.

Damit wir erkennen können, was das Wort Schicksal eigentlich bedeutet, müssen wir zuerst das Leben leben. Das Leben auf Erden ist die Teilnahme der Seele am Ausdruck von Raum und Zeit mit vielen Erfahrungsmöglichkeiten. Und dieser Ausdruck ist nicht immer das, was wir als leicht und angenehm empfinden. In anderen Worten, das physische Leben ist ein Betäubungsmittel und bringt die Seele in Spannung; dies raubt ihr in der Zeit Vitalität, die ein wichtiger Bestandteil der Kreativität ist.

Einerseits können wir sehen, dass die Seele sich durch die materiellen Konzepte begrenzen, schwingungsmässig verlangsamen und ihren Horizont verkleinern muss, dass sie aber andererseits dadurch die menschliche Natur in noch ungeahnte Höhen bringen kann. Das bedingt natürlich, dass wir, der Mensch, die Seele nicht in ein intellektuelles Gefängnis sperren. Dies ist eine grosse Herausforderung für das Erziehungswesen, denn bis jetzt wurde der Verstand vor allem als Reglementierung der Logik in der Zeit betrachtet. Doch kann der Mensch unmöglich sein Denken von sich aus regeln, aber er kann verhindern und verneinen, dass das Denken der Seele unterstellt und von ihrer Essenz durchdrungen wird. Denken wir nicht seelenbewusst, werden wir von der Materie abhängig und verwickeln uns in Lebensfäden, die nicht die «unseren» sind und die uns beeinflussen. Das Unterbewusstsein richtet sich dann automatisch auf irdische Erfindungen und Entdeckungen aus, die die Menschheit anstrebt und verfolgt.

Es ist die Welt der Seele, die einen Menschen an den grossen Ozean des universellen Wissens anschliesst. Und das ist wirkliches Wissen, ist intelligentes Licht-Wissen, nicht das alberne, kindische Schwatzgebaren im Alltag, das durchschnittliche Menschen als Denken betrachten. Der Inhalt der höheren Bewusstseinsebenen verankert sich durch die verschiedenen Zeitbögen in das Leben der Menschen, manifestiert sich zuerst im Äther und in der Astralwelt und dann in der materiellen Welt. Die Seele lebt in höheren Lichtebenen und ist somit nicht abhängig vom Körper und von den astralen Ebenen, sondern ist nur verbunden mit ihnen. Wenn wir das erkennen, können wir auch erkennen, wie einfach es ist, vom Unterbewusstsein her durch den rationalen Intellekt die höheren Pläne zu durchkreuzen und die geistige Kommunikation zu stören, die die grösste Gnade in einem menschlichen Leben überhaupt ist.

Das ist nicht Einbildung, sondern Tatsache. Die Gefahr in einem menschlichen Leben ist gross, dass durch Unwissen und Dummheit die geistigen Kräfte verpufft werden. Wenn der Mensch sie

170

aber über die Seelenverbindung einfordert, dann werden genau diese Kräfte ihn vor Dummheit und Unwissenheit und vor dem persönlichen Willen retten. Der persönliche Wille will vor allem zerstören, will zum Beispiel die Erdatmosphäre mit Atombomben durchstossen und somit den Erdschutzmantel mit Atommüll vollstopfen. Auch will er aus Gier und Bequemlichkeit die Luft und das Wasser verseuchen und die Erde durch Korrosion vergiften. Der menschliche Verstand denkt, er kann tun, was er will, ohne dass es für ihn Konsequenzen hat.

Der Mensch wird an dem gemessen, was er denkt und tut und wie er mit den kosmischen Gesetzen umgeht. Jedes Ungleichgewicht zwischen Geben und Nehmen ist der Tod der Seelenkraft in der irdischen Inkarnation. Wir können sehr wohl für eine Weile in Schulden leben, aber irgendeinmal kommt die Zeit, wo uns kein Kredit mehr gewährt wird – und zwar auf jeder Ebene, der physischen, emotionalen, mentalen und der spirituellen – und die Seele dieses Ungleichgewicht nicht mehr hinnimmt. In einen Mangel von Vitalität und Lebenskraft zu gelangen ist mentale Behinderung in ihrer schlimmsten Form, weil damit der Seele Kräfte entzogen werden, die eigentlich die Lebensenergie in Raum und Zeit nähren und unterstützen sollten. «Der Mensch lebt nicht von Brot allein.» Diesen Ausspruch kennen wir alle – und er ist, gelinde gesagt, eine Untertreibung. Denn die feinstofflichen Welten, die kosmischen Energien und Schwingungsfelder des Lichts sind die Quelle für die Kraft eines Menschen. Durch diese Quelle ist er überhaupt am Leben in einem Körper.

Wie würden wir denn gern unser Überleben präsentiert haben? Die meisten von uns reduzieren es auf die Persönlichkeit, auf deren Wichtigkeit, auf deren Wohlergehen, auf deren Vorlieben. Die Persönlichkeit ist nicht demütig, sondern sie schaut nach aussen, ohne dabei die inneren Tiefen zu beachten.

So gesehen führen wir im Menschsein ein Leben ohne Seele, beugen unsere Knie nur vor dem Intellekt, der oft ein eingeschlossenes und vergiftetes Dasein fristet. So ein Intellekt häuft auch Macht an. Er schreibt zum Beispiel Bücher und giesst einen Schwall von eigenen unausgegorenen Denksichten in die äussere Welt. Er herrscht vielleicht auch in einer Position als Autorität und führt andere von einem Chaos zum anderen, indem er Versprechen abgibt, die keine Bedeutung haben, wobei er gar nicht die Absicht hat, diese zu erfüllen. So ein Intellekt kennt nicht die Kraft der Demut, denn die Demut ist eine Brücke zur Seele, auf der sich die Fäden des Schicksals entfalten. Und in dieser Entfaltung ist erst der Lebenszweck zu erkennen und der Mensch ist bereit, in entsprechende Erfahrungen einzutauchen. Das lässt eine Seele reifen, lässt sie kraftvoller sich ausdrücken und lässt den Menschen in spirituelles Bewusstsein erwachen. Die menschlich-seelische Synthese ist vollbracht.

Viele Leute funktionieren nur mental und empfinden dann ihr Leben oft als leer. Sie denken, dass diese Leere normal ist, ja dass sie die Verkörperung der menschlichen Zivilisation, mit der alles steht und fällt, überhaupt ist. Sie kennen nichts anderes. Es heisst, dass die Götter sich nicht verspotten lassen, in anderen Worten, dass die Seele sich nicht verspotten lässt. Wir leben nun im Zeitalter, wo die Seele durch die Überseele im Menschsein entfaltet wird und die Menschen mit ihrem Bewusstsein auch in den Raum der Überseele eintreten können. Es ist auch das Zeitalter, in dem sich viele Prophezeiungen erfüllen, in dem zahlreiche neue Formen entstehen und neue Entwürfe aus der geistigen Welt ins menschliche Leben gebracht werden. Dies verändert das Gesicht der irdischen Existenz. Damit das passieren kann, muss sich *alles* verändern, sowohl die Menschheit wie auch der Planet. Es wird geschehen, dass sich die Volumen der Meere verwandeln und damit die Kontinente, dass sich die Strukturen der Berge verändern und dass sich die Polarität von heiss und kalt und somit das Klima verändert. Auf jeden Fall wird gemäss dem höheren Plan die ganze physikalische Erscheinung auf Erden, wie wir sie bis jetzt gekannt haben, neu geschaffen.

Das sind keine leeren Worte, die einfach aus der Luft gegriffen sind, diese Prophezeiungen sind uns in vielen Sprachen und Formen überliefert worden, angefangen bei den geometrischen Zeichen in den Pyramiden bis hin zu Äusserungen von Sehern und Weisen. Dies beleuchtet den Moment der Wahrheit über die menschliche Sterblichkeit, was wir seit 2000 Jahren immer besser erkennen können. Über das Sterben zu sprechen ist heikel. So klein ist der persönliche Funke, der stirbt, so dass wir sagen könnten, dass von uns nur 1 Prozent sterblich ist und 99 Prozent geistig und somit unsterblich. Wenn wir uns im täglichen Leben ins Gleichgewicht bringen, so müssen wir uns fragen, wie viel von den 99 Prozent wir denn auch wirklich leben. Der Mensch spricht immer von Wundern, weil alles, was er nicht versteht, für ihn ein Wunder ist (angesiedelt in den 99 Prozent). Er fragt sich täglich, was denn nun in seinem Leben wieder geschehen ist, dies ohne dass er viel dazu beigetragen oder sich gar geopfert hat. Eigentlich hat er nur die Verbindung zu den feinen Fäden, die ihn über die Brücke zur Seele führen, verloren. Durch diese Fäden fliesst kosmische Lichtintelligenz, die sein Herz, seine Lunge, seine Muskeln und vor allem sein Gehirn mit kosmischem Wissen nährt und auffüllt. Es gab Zeiten, in denen ein Mensch 1000 Jahre alt geworden ist. Heute, mit seiner Unreinheit und seinem Ungleichgewicht, mit seiner Korruption und seiner Degradierung des Denkens, kann er kaum noch 100 werden. Wenn wir uns mit der menschlichen Geschichte befassen, können wir erkennen, dass ein paar 100 Jahre Lebensdauer normal war. Dies ist nun anders. Viele Menschen sind heutzutage sogar froh, wenn sie nach 50 Jahren der Armut, der Sorgen, des Drucks und des Stresses einfach dem ganzen Elend in einem Körper entfliehen können.

Manche Leute denken, dass ihr Wille die Antworten bereithält. Auf der einen Seite ist es die Gesellschaft oder die Familie, die die momentan herrschenden Muster kontrolliert und beeinflusst, auf der anderen Seite ist es die seelische Individualität, die ein bestimmtes Ziel oder einen bestimmten Weg in der Zeit verfolgt. Was kann die Seele tun?

Hast du jemals eine seelische Spannung in deinem Alltag erlebt, bist du jemals durch Licht, Liebe und Frieden, durch den Wohlgeruch der Ewigkeit berührt worden? In nur einem winzigen Moment kannst du das Wunder der geistigen Realität in ihrer Kraft erfahren, so dass du dies niemals vergessen wirst; dies obwohl du in der nächsten Sekunde wieder in der irdischen Realität dastehst und dich irgendwie beraubt und entmachtet fühlst. Doch die Stille und die Bereicherung bleiben zurück und du vergisst diese Erfahrung nicht mehr.

Solche Momente sind kleine Hinweise auf die Grösse und die Majestät des Geistes, der bewusst in dein Leben treten kann, vorausgesetzt dass du die Seelenkommunikation aktiv lebst. Die Kraft der Seele bringt dich in höhere Lichtwelten und in Verbindung mit anderen Wesen, bringt dich in die eigene Führung, bringt dich in die Wahrnehmung des geistigen Zustandes. So kannst du dein Leben neu einrichten und die Seichtheit, das Unglück, die Krankheit sowie die gestörte Persönlichkeit verabschieden, die alle ins Hamsterrad der Zeit eingeschlossen sind und sich einbilden, ohne Seelenkraft leben zu können oder zu müssen.

Es müssen intensive Schwingungen und Veränderungen in Kraft treten, damit die Verbindung des Unbewussten in einem materiellen Leben mit dem Bewusstsein wieder instand gesetzt wird. Diese Verbindung verändert unser Leben dermassen, dass wir denken, das ist das Ende. Dabei ist es der Anfang des Neuen, was wir mit der Zeit auch erkennen werden.

Langsam zwar, aber sicher, beginnen wir die Kraft der Seele wirklich zu leben. Wir können verstehen, dass sie die Antwort auf alle Lebensfragen bringt. Die Seele nimmt teil an unserem menschlichen Leben durch ihr Wissen. Unser Gehirn antwortet auf diese Führung und erwacht in die Gabe der Intuition. Dies bringt uns in das Verstehen der höheren Gesetzmässigkeiten, was wiederum die Vitalität erhöht und unser Leben auf Empfang, auf Wandel und auf Bewegung einstellt. Wie statisch bin ich eigentlich heute? Das ist wichtig zu wissen, denn ich kann zum Beispiel sehr statisch in einer Krankheit verharren, mich nicht mehr bewegen und kann damit nicht mehr dem höheren Ziel der Seele folgen. Das bedeutet Korrosion und Korruption an meinen eigenen Kräften. Damit haben Muster, die dem Aufbau des Lebens nicht dienen, freie Bahn und bestimmen den Lauf der Inkarnation.

Die Natur hat ihre eigenen Gesetze und in diesen Schwingungen bewegt sie sich ordnungsgemäss, gehorcht dem Plan, räumt auf, ist rein und verströmt ihren Duft. Natur ist nie statisch, sondern ist immer im Fluss und in Bewegung. So haben wir in unserer menschlichen Natur auf der einen Seite die zerstörerischen Kräfte und auf der anderen Seite die sich wandelnden Kräfte. Dazwischen ist Reibung, die uns in die Verbindung mit der Seele bringt und uns empfänglich für die Seelenmuster macht, für ihren Plan und für ihr Ziel. Folgen wir dem nicht, sind wir dazu zu träge oder haben Widerstand, so zerstören wir uns selber und werden am Ende der Inkarnation durch den Tod geheilt.

Dieses Wissen, dieses Bild über das menschliche Leben in der Materie wird uns in vielen Zeitaltern, Büchern, Parabeln und Geschichten präsentiert. Doch müssen wir das nicht in der Vergangenheit, sondern in der Gegenwart als Arbeit am eigenen Körper betrachten, müssen uns als Lichtarbeiter am eigenen Material verstehen und die Bedeutung der Verbindung mit der Seelenkraft erkennen. Nur im lebendigen Wissensfeld können wir uns ändern. Wir haben in der heutigen Zeit gut funktionierende Gesundheitssysteme und verfügen über enormes Wissen über Krankheiten. Wir haben Religionen, die mit ihren Glocken läuten und uns in die Kirche rufen, oder mit der Stimme des Muezzin in die Moschee. Wir lesen Bücher und hören gelehrten und begabten Menschen zu. Doch über die eigene Seele und ihre Absicht wissen wir herzlich wenig. Die Tatsache des Nichtwissens führt uns oft ins Chaos und dann wieder hinaus, in eine neue Richtung, in eine neue Hoffnung. Auf einer Seite erleben wir psychische und materielle Erdrutsche und fallen tief nach unten. Auf der anderen Seite sehen wir die Höhen des Lichts und machen uns an den Aufstieg.

Wenn wir uns freiwillig wandeln, tauchen neue Lebensmuster auf, Lebensmuster, die uns in gelebte Liebe und Dienst bringen. Dies kann nicht mit Zwang oder mit Willen erreicht werden. Es passiert. Doch die Geschichte ist voll von Zeugnissen, dass Menschen sich immer wieder zurückfallen liessen und damit nicht genügend Lebenskraft zur Verfügung hatten. Hier hilft dann ein äusserer Zwang, durch die Elemente zum Beispiel, durch eine Krankheit oder eine Krise, damit wieder eine Umkehr zum Licht stattfinden kann.

Die Lebensbühne gehört uns und es ist an uns zu entscheiden, ob wir absteigen ins Chaos, in die Krankheit, in Scham oder Schuld und damit die Lebensfäden der Vernichtung aktivieren wollen. Dadurch geraten wir dann in die gesellschaftlichen Regeln, geraten vielleicht in Druck, in Schwierigkeiten bis hin zum Gefängnis. Wir können aber auch aufsteigen und in einem Schwingungsfeld leben, wo es nicht nötig ist, die Menschen zu ermahnen, nicht zu töten oder keinem übermässigen Profit nachzurennen und ihr Geld nicht zu vergiften. Ein Schwingungsfeld, in dem sie einander befruchten und nähren und gemeinsam das Leben teilen.

Diese Wegkreuzung, an der wir oft stehen, ist nicht nur ein Stummfilm, sondern sie hat eine Stimme, die uns vielleicht eben in eine spirituelle Krise führt, an einen Punkt, wo wir uns vielleicht nicht mehr zurechtfinden und wo wir gerettet werden müssen. Und hier begegnen wir dann der Kraft und dem Licht der Seele und können die Seelenessenz in uns neu aktivieren. Wir werden neu informiert, neu gelehrt, in neue Form gebracht und neu ausgerüstet.

Die höheren Sinne erwachen und der Mensch erkennt, dass er sich nicht nur auf die fünf Sinne beschränken sollte, dass das Leben nicht nur einfach und paradiesisch sein muss, sondern dass das Leben zum Leben da ist, zum Geben, zum Teilen und zum Schöpfen. Die Seele braucht keine Belohnung. Die Seele braucht keine Anerkennung. Die Seele braucht die Versuchung durch das Schicksal nicht. Sie ist kein Bettler, denn sie ist nicht arm. Die Seele ist eine lebendige, pulsierende, dynamische Lichtkraft und ist uns so nah, dass wir diese jederzeit in uns leben können. Somit erhöhen wir das Menschsein in ein fein schwingendes Feld in der Zeit.

In der heutigen Zeit kommt Rettung durch die erwachten Menschen des neuen Zeitalters, nicht etwa durch die Ideen der Politiker oder der Banken. Rettung ist plötzlich da, durch die Präsenz von wirklichem Wissen, von seelischem Wissen, durch den Duft der Lichtintelligenz, der durch alle Lebensformen fliesst und diese mit Geist erfüllt. Die Seele ist dabei der Vermittler, weil sie schon immer Träger der neuen Lebensmuster gewesen ist. Schon immer war sie nur auf das Licht ausgerichtet, auf ihre universelle Absicht und auf ihr Ziel in der Erdeninkarnation. Das ist das Geheimnis des grossen Erwachens. Ein beseelter Mensch ist sich auch über die Zukunft bewusst und kann so durch das höhere Bewusstsein mögliche Wege verändern, indem er das niedrige Bewusstsein der Menschheit an seinen Platz verweist.

Es geht nicht darum, neue Hymnen zu singen oder sich über richtig und falsch zu streiten, es geht nicht darum, über die eigenen Sichten zu diskutieren und sie durchzusetzen. Die heutige Zeit ist eine Zeit der Tapferkeit mit einem ganz speziellen Mut, ist eine Zeit des Lachens, des universellen Denkens, des Aussergewöhnlich-Seins und des ständigen Bewusstseins der göttlichen Verbindung. Dies ist nicht etwa die Beschreibung eines durchschnittlichen Menschen, der sich nicht an das höhere Denken wagt und sich vor allem für Vergnügen und das eigene Geld interessiert. Und trotzdem passiert das Neue in der breiten Masse, die vielleicht nicht speziell gebildet ist, passiert es in vielen Menschenkörpern, dass die Lichtfunken und die Kraft der Seele einfliessen und wirken und so den Lauf der Welt verändern.

Diejenigen, die sich egoistisch und eigenmächtig verhalten und denken, dass sie mit ihrem Intellekt alles in ihrer Hand halten, werden scheitern, weil die menschliche Rasse nicht mehr länger solche Existenzen dulden kann. Man könnte sagen, dass nun von höchster Ebene jedem Menschen verordnet worden ist, sich der seelischen Führung zu öffnen, damit alle zu dem gerufen werden können, für das sie geboren worden sind. Diesen Ruf zu hören ist die schönste Stunde in einem menschlichen Leben. Zugegeben, der Körper ächzt, die Knochen schmerzen, der Stolz lässt erstarren, Selbstsucht verlangt Unmögliches, Luxus hält das menschliche Leben in einem engen Rahmen – und trotzdem wissen wir tief im Inneren, dass das nur der Kampf des eigenen Willens gegen den höheren Willen ist.

Wir opfern gar nichts, wenn wir nur das menschliche, materielle Leben opfern. Für eine mehrdimensionale Hingabe braucht es Mut. Die heutigen Tage sind nicht das Ende, sondern der Anfang einer neuen Ära, wo wir das Geistige im menschlichen Leben beweisen müssen. Und diese neue Ära müssen wir sichtbar in der Zeit beweisen, indem wir einfach göttlich sind. ICH BIN. Ich bin *in* meiner Persönlichkeit eine Kraft, eine Linie, ein feiner Faden vielleicht, und kann jeder stofflichen und feinstofflichen Ebene vertrauen, kann auch den Problemen und dem Elend in einem menschlichen Leben vertrauen, indem ich dieses in Erlösung bringe.

Das Grosse Ganze, das geschöpft ist, hat auch viele kleine und individuelle Teile, die alle vital und belebt sind und der Effizienz des Ganzen dienen. So kann der kleinste Teil, also auch du, Erfüllung darin finden, dass die Evolution sowie die aufsteigende Kraft der Seele es dir möglich machen, dem Ganzen zu dienen. Der Mensch ist vor allem ein kosmisches Wesen, und er bleibt ein kosmisches Wesen. Auf was ist er denn vorbereitet? Darauf, dass er den sterblichen Teil in sich in den Sumpf der eigenen Faulheit oder Trägheit wirft oder darauf, dass er auf-er-steht und sich als göttliches Wesen, als göttliche Seelenkraft in Aktion auf Erden erklärt? Das wird natürlich seinem Geldbeutel wehtun und es wird auch vielen anderen Dingen wehtun. Die Verwandten und die Freunde und die alten Systeme werden dich herausfordern, bis du eine Entscheidung fällst. Die alten Muster, die alten Gewohnheiten müssen sich verändern, was dazu führen kann, dass viele Freunde und Verwandte dich nicht mehr annehmen wollen, dass sie dich verleugnen oder als Spinner betrachten.

Nun, das ist ein kleiner Preis, den du zu bezahlen hast, wenn du dadurch zur Stimme der Wahrheit erwachst und sie auch gebrauchst in der Bahn, im Büro, in der Gesellschaft, in der Familie, im Schreiben und im Denken. Somit nimmst du einen Platz im Gruppensystem ein, der dir von innen her zugewiesen wird. Somit wirst du ein wertvolles Mitglied in der menschlichen Gemeinde. Du bist mit denen, die wissen, was sie tun, und das wird deine Stunde sein. Darin liegt die Absicht deiner Geburt, darin findet sich der Grund für dein Kommen. Das ist dein Beitrag zur Erfüllung des Ziels der Menschheit. Das ist ein Angelpunkt in der Entfaltung der Menschheit, der vor allem von denen wahrgenommen wird, die in ihrem Alltag stetig und bewusst auf einer hohen Lichtschwingung die Verbindung zur Seele und somit zur Überseele leben.

13
Die Rückkehr nach Hause

Wir befinden uns alle auf dem Weg nach Hause. Durch Geburt sind wir gekommen und durch Wieder-Geburt gehen wir. In diesem grossartigen Moment der Rückkehr werden die Früchte unseres Erdenlebens der Intensität und dem geistigen Wert einer höheren Dimension eingespeist. Wir sind vergängliche Wesen, doch wir sind auch grenzenlos und unsere verschiedenen Leben sind Entdeckungsreisen voller Begeisterung und Herausforderungen.

Ein Grossteil der Arbeit jener Wesen, die die ankommenden Seelen auf den höheren Ebenen in Empfang nehmen, besteht darin, sich mit dem mitgebrachten menschlichen Kummer und Leiden zu befassen. Dies infolge der enormen spirituellen Unwissenheit jener, die von der irdischen Dimension in eine andere wechseln, die also sterben. Dies tun sie ohne jegliche Vorkenntnisse und ohne dass sie eine mentale Vorbereitung auf ein Leben nach dem Tode mitbringen. Sie erinnern sich noch an das Elend von Angst, Unglück und Sorgen.

Wir müssen erkennen, dass der Übergang des Lebens von einer Stufe auf eine andere nichts weiter ist als die Vertiefung und Erweiterung des multidimensionalen Seins in seinem vollen Ausmass. Es geht um die Bedeutung und die Gesamtleistung, anhand derer einzelne Leben bemessen werden. Es geht darum, sich neu einzuschätzen. Es empfiehlt sich, noch während dem Erdenleben an sich zu arbeiten und sich zu bemühen, durch persönliche Opferbereitschaft wieder in Einklang mit den geistigen Werten zu kommen. Es ist besser, sich zu besinnen und jene Aspekte der menschlichen Natur, die Disziplin erfordern, zu bearbeiten, als die irdische Dimension mit einem unvollendeten Leben zu verlassen, mit unvollendeter Arbeit und mit Gedanken und Ideen, die immer noch statisch sind und in der Illusion verharren, dass Erlösung ohne eigene Bemühungen geschehen wird.

Unsere Wiedergeburt in die nächste Sphäre hinein wird Momente intensiver Begeisterung bringen, doch gleichzeitig können auch Momente voller Tragik auftreten. Es sind die Erfahrungen des Lebens, vor allem die Misserfolge, die uns geformt haben. Die Erfolge haben einen zeitlichen Aufschub bewirkt, doch die Misserfolge, wie wir sie nennen, sind jene Erfahrungen, welche den Charakter geschmiedet und das Gemüt entwickelt haben, welche Reaktionen hervorgerufen haben, die durch ständige Erfolge niemals hätten entstehen können.

Unglücklicherweise ist der Grossteil unserer irdischen Existenz, das heisst unseres Verstandesdenkens, nicht auf die Idee der Kontinuität des Lebens, sondern auf die Idee des Todes ausgerichtet. Dies führt dazu, dass ein grosser Anteil unseres viele Dimensionen durchschreitenden Lebens, das einen beträchtlichen Teil unserer Aufmerksamkeit hier auf Erden beanspruchen sollte – was es auch tut –, sich in einem Vakuum befindet. Die Trennung von den Lichtwelten kann sogar eine Depression der Seele verursachen. Die Seele braucht ihre Heimat immer, sie braucht die Energiequellen aus den höheren Sphären als Versorgung und Nahrung. Ein Leben, das in einen physischen Körper hinein gezwungen wird, ohne geistige Nahrung zu erhalten, wird folglich unter einer Art mental-spiritueller Krankheit leiden, die eine erfolgreiche Inkarnation beeinträchtigt. Zu denken, alle unsere Krankheiten werden durch seelisches Verhungern hervorgerufen, mag eine neue Idee sein. Doch in unserer Heilarbeit sehen wir, dass es diese Erneuerung der Kommunikationsverbindung mit der Quelle der ursprünglichen Geburt ist, durch welche die Seelenkräfte den Körper erhalten, und zwar frei von Krankheit und so widerstandsfähig, dass sich die Schwingungen der Psyche und der mentalen Aktivität über die des biologischen Körpers stellen.

Wenn wir beim Übergang in die höheren Dimensionen für kurze Zeit in das eintreten, was auch der Zustand des Segens genannt wird, erleben wir dies wie einen sehr schönen Ferientag! Hier begegnen wir bekannten Gesichtern, erneuern alte Bekanntschaften, finden und diskutieren neue Sichten und erleben auf viele Arten eine sagenhafte Erfahrung intensiven Vergnügens, frei von irdischen Zwängen. Doch früher oder später kommt ein Ruf, und die Seele spürt, dass sie noch einiges zu tun hat. Und so kehren wir von der spirituellen Erneuerung zurück in die grossen Hallen des Lernens. Jetzt wenden wir uns den Aufzeichnungen der Akasha-Chronik zu – den karmischen Bereichen, der grossen Hierarchie der sich entfaltenden Gnade. Hier findet die wahre Arbeit am soeben verlassenen irdischen Leben statt. Hier blickt der Baumeister zurück auf die Lebenskraft – jede Erinnerung bleibt erhalten, jedes Wort. Und bei diesem Scannen der gesamten Erfahrung des körperlichen Lebens in einer unvergleichlichen Atmosphäre tieferen Wissens und höherer Weisheit sind wir fähig, klar zu sehen, was noch zu tun ist.

Vieles haben wir während der vergangenen Inkarnation als unbedeutend betrachtet, vor allem in Zeiten, als wir glaubten, das Leben gehe hart mit uns um, und es uns ungerecht erschien. Wenn wir dann über die Akasha-Aufzeichnungen den ganzen Plan unseres Erdenlebens zu sehen bekommen, erhalten wir Klarheit über die Opfer und die vielen Formen der Erfahrungen, und alles bekommt einen Sinn. Nun zeigt sich jede Einzelheit in einer neuen Intensität und wir werden sehen, wie altes Material aus der Vergangenheit immer wieder neu gestaltet wird, um das Leben der

Seele auf neue Abenteuer vorzubereiten. Es geschieht an diesem tiefen, heiligen Ort, dass das Lebenswerk geprüft wird. Dies ist der Moment der Wahrheit.

Leben wir auf Erden spirituell bewusst, müssen wir nicht auf eine zukünftige Zeit warten, sondern können unser inneres Selbst jetzt erforschen und diesen Moment der Wahrheit stets im Alltag finden. Wir brauchen keinen Tod. Wir brauchen nicht zuerst zu sterben, um die spirituelle Erkenntnis der Bestimmung des Lebens wieder zu beleben. Ein leeres Leben ist unbefriedigend, weil es nur ein Spielen mit den Sinnen beinhaltet. Es vergeudet seine Zeit mit der Wichtigkeit des Egos, der Bequemlichkeit des Körpers, mit seiner Selbstbehauptung, seiner Überlegenheit und all den mittelmässigen, seichten Erfahrungen, die der Seele den tieferen Sinn des Lebens rauben können. Es geht um diesen seichten Komplex, auf den jeder Studierende der Esoterik ständig achten muss – der Moment der grossen Prüfung ist so sicher wie der Tag unseres Ankommens auf Erden und der Tag unserer Rückkehr. Jetzt ist es Zeit, genau hinzuschauen, ist es Zeit, uns zu fragen: Wie wichtig ist mein Körper? Wie wichtig ist dieses Leben? Mein Stolz, meine Eitelkeit, mein Bedürfnis nach Bequemlichkeit und Ruhe, meine Besitztümer, mein Eigentum – wie wichtig ist das alles? Alle diese Aspekte sollten wir ständig prüfen und uns nicht von ihnen begrenzen oder beherrschen lassen. Denn eines Tages werden wir von ihnen befreit werden durch die Dringlichkeit, von einer Dimension in eine andere zu wechseln, also die Inkarnation zu beenden. Je weniger Ballast wir mit hinüber nehmen, desto weniger Reue und Ausgleich erwartet uns. So gibt es noch auf Erden viele Momente, in denen wir durch Selbstarbeit, Selbstbeobachtung und Selbstverwirklichung erkennen können, dass Leben dem Fortschreiten dient, der Erweiterung, der Vertiefung, dem Loslassen, und dass es nicht darum geht, sich etwas anzueignen.

Da Beziehungen eine enorm grosse Bedeutung haben, ertönt bereits der nächste Ruf für eine weitere Stufe der Läuterung. Zeitbewusstsein, wie wir es kennen, existiert nicht in den höheren Dimensionen. Einige hundert Jahre Geschichte können verstreichen und wir nehmen dies vielleicht nicht wahr ausser als ein Geschehen einer Reihe von Ereignissen jenseits unserer normalen Wahrnehmung. Wir kehren zurück in die Zentren des erneuten Lernens – um zu verlernen. Hier werden wir wieder mit unserer eigenen Gruppe verbunden, werden wieder eingewiesen in die Gesetze der zukünftigen Arbeit. Im Universum gibt es viele evolutionäre Zustände, viele Ebenen des Fortschritts. Die Erde befindet sich immer noch auf einer der niedrigsten Ebenen, auf der eine Seele die vielleicht allergrösste Prüfung erfährt.

Doch die Ausdehnung des Universums ebenso wie die Ausdehnung der ganzen kosmischen Einheit gründet auf dem Lehrling der Einweihung, gründet auf jenen, die durch die primitiven Kräfte der äusseren Schöpfungen hindurch gegangen sind und aus der äusseren Spannung heraus innere Anmut entwickelt haben. An diese Gruppen werden Anleitungen weitergegeben, ihnen wird dieser Teil des Plans enthüllt. Der Teil deiner ganz speziellen nächsten Aufgabe wird genau vorbereitet, wird studiert und an die Hand genommen. In einem Körper lebend, ist für eine Mitarbeit in den höheren Dimensionen der Freie Wille massgebend. Nur durch frei-willige Mitarbeit wachsen wir im Dienen, wachsen an Tiefe, an Kraft, an Zuverlässigkeit und Verantwortung, so dass uns dann tiefere und wichtigere Teile des schöpferischen Musters auf anderen Sternen, anderen Planeten, anderen Systemen zugeteilt werden können – vielleicht sogar die Rückkehr hierher!

Andere Dimensionen haben ganz andere Bedingungen als die Erde. So sind zum Beispiel die feineren Ätherfelder anderer Dimensionen sehr stabil, sehr sicher. Der physische Körper ist in

Wirklichkeit fliessend. So ist das Austreten aus einem fliessenden Körper auf den sicheren, festen Grund einer höheren Dimension eine enorme Freude. Die Festigkeit und Stabilität an und für sich zu spüren ist nicht nur ein Moment von Geborgenheit und Kraft, sondern auch ein Moment voller Dankbarkeit und Freude. Wir haben nie realisiert, wie unsicher die dritte Dimension ist, wie fliessend sie ist, wie vage, wie unvorhersehbar und wie sie auf die Menschen kaum reagiert. Es gibt uns ein neues Gefühl von Wirklichkeit, wenn wir uns freuen, aus dem Körper in die Beständigkeit der höheren Dimensionen zu treten. Es ist die Freude darüber und die Erkenntnis dessen, dass diese Welten wahrhaftig sind – dies ist der grossartige Moment des Todes, der Leben ist! Und ist etwas, das wir erfahren werden, denn wir sind alle auf dem Weg nach Hause.

Leider ist unser drittdimensionales Verhalten so abgesunken, dass wir ständigen Druck benötigen, um überhaupt vorwärts zu kommen. Dies ist der Unterschied zwischen einem Leben, wie wir es kennen hier auf Erden, und dem, was wir kennenlernen werden nach dem sogenannten Tod. Hier werden wir angetrieben durch Pflichten, durch Loyalität, durch Religionen, durch die Gesellschaft, durch die Erziehung, durch alle unterschiedlichen Systeme, durch die das Leben in der irdischen Dimension gelenkt wird. Strafen und Bussen, alle Arten von Massnahmen setzen uns so sehr unter Druck, dass es fraglich ist, ob wir die guten Menschen sind, die wir zu sein glauben. Und wir kommen vielleicht zum Schluss, dass wir nur unter Zwang gut sind und nicht aus innerem Wunsch, also freiwillig!

Meditiere darüber, denn diese Frage verlangt nach einer intensiven Innenschau. Das Leben auf den höheren Ebenen wird nicht durch Zwänge gelenkt, sondern durch Ähnlichkeit der Schwingung. In den höheren Körpern unserer Inkarnation wirken und üben wir Seite an Seite mit jenen grossen Wesen der höheren Ebenen, die ihre Energie vervollkommnet haben, ebenso Geist, Seele, die Intensität ihrer Verpflichtung sowie die tiefe, stille Qualität ihres Mitgefühls. Mit ihrer Ausstrahlung, ihrer Farbe, ihrer Kraft und ihrem Frieden durchdringen sie sanft alles, was sie berühren. Die ganze Atmosphäre selbst ist von einer solchen Reinheit und Anmut, dass unsere irdischen Körper und Psychen, die immer noch voller Zwänge sind, schäbig und sehr unfertig erscheinen, so dass wir uns manchmal schämen.

Es ist ein Moment grosser Schönheit, wenn wir, noch auf Erden wandelnd, diese tiefen verwandten Seelen der höheren Welten sehen dürfen. Wenn wir mit ihnen arbeiten, sie berühren und erkennen, wenn wir in ihrer fantastischen Gemeinschaft und Liebe erfahren, wie die tiefste Essenz unserer Seele und unseres Geistes erhoben und mitgetragen wird. Dann finden wir das Wort «Zwang» nur noch abstossend. Dies alles sind Aspekte, denen wir nach dem Tode begegnen werden. Doch wäre es besser, ihnen noch im jetzigen Leben zu begegnen. Das lässt uns dann nicht unwissend und ängstlich in die Wiedergeburt eintreten, sondern lässt uns mit freudiger Erwartung in die neue Welt hinaustreten, mit einem Gefühl grosser Belohnung und in tiefer Dankbarkeit.

An eine Erfahrung, bei der ich einst beinahe ertrank und eine Zeitlang ausserhalb meines Körpers war, erinnere ich mich sehr deutlich. Sie wurde zu einer Quelle der Kraft für mich, da ich dabei zum ersten Mal dem wahren Mut begegnete. Dieser Mut war ganz anders als der Mut dieser Welt. Ich begegnete ihm im Gespräch mit jenen, die an den Grenzen zur nächsten Dimension wirken und die von der Erde kommenden Seelen empfangen. Oft müssen sie uns in unsere Körper zurückstossen, wenn wir diese zu verlassen versuchen. Manchmal im Schlaf, manchmal im Kummer, manchmal wenn die Gedanken in Richtung Suizid gehen. Auch in Zeiten der Hoffnungslosigkeit und Verzweiflung, manchmal der Flucht. Diese Hüter der Schwelle versammeln sich dicht am Punkt des Übertritts. Sie wissen, dass unsere karmische Zeituhr noch nicht abgelaufen ist und drängen uns sanft zurück in die physische Gestalt, damit wir friedlich weiterfahren und nicht auf der anderen Seite bereuen oder ein schlechtes Gewissen haben müssen, weil wir zu viel Unerledigtes zurückgelassen haben.

Dies ist die erste Stufe des Muts. Es ist nicht Unerschrockenheit, es ist eine Kraft. Die tiefe Demut, die ich empfand, zeigte zugleich meine Schwäche auf. Wie oft denken wir im Alltag, wir würden geprüft und getestet. Wir glauben, wir wüssten, was Mut ist, was Opferbereitschaft ist. Doch wenn wir einer solchen Kraft begegnen und sehen, wie sie verdient und erworben wurde, wie sie als grosse Macht eingesetzt wurde, dann erkennen wir in tiefer Demut unsere persönliche aggressive Natur, unsere Undankbarkeit und Kleinheit. Erkennen unsere Forderungen, Gott solle seine Gaben und Schätze auf unser Geheiss hin zur Schau stellen. Dies ist vielleicht auch etwas, das wir auf dieser Seite des Lebens bereits tun könnten: Wir könnten unsere Persönlichkeit zurückbinden, ihre Forderungen, ihren Geltungsdrang, ihre Wünsche, ihre verschiedenen Ansprüche, ihre Kleinlichkeit und ihren Kleingeist, ihr ständiges Verurteilen, ihre Kritik sowie die Belanglosigkeit und Gemeinheit eines solchen Verhaltens.

Ich möchte, dass du erkennst, dass der Faktor der Einheit etwas ist, an dem du jetzt intensiv arbeiten könntest: und dass du nicht einmal eine Minute deines Tages irgendetwas anderes erwartest als Selbsterkenntnis. Das wahre Leben ist etwas so Wichtiges, so Schönes, so Grossartiges, dass die armseligen kleinen Ängste und Sorgen und Spannungen bedeutungslos werden – all jene Dinge, die uns bekümmern, wenn wir glauben, die Lebenskräfte würden sich vermindern oder gar versagen. Oft leiden wir unter

Schlaflosigkeit, haben Gesichter voller Sorgenfalten, ist unser ganzer Körper erfüllt von selbst-erschaffenen Ängsten. Doch wenn wir hinaufschauen zur grossartigen Stärke der jenseitigen Welten und unseren Mangel an Glauben, unseren Mangel an Kraft damit vergleichen, so empfinden wir wieder ein Gefühl von Demut und Scham.

Es wird ein Tag kommen, an dem die Himmel oder die höheren Dimensionen zur Erde kommen werden, wie wir im Gebet an Gott sagen: «Dein Königreich komme auf Erden wie es ist im Himmel.» Diese Schwingung wird nicht durch einen einzelnen Messias überbracht, sie wird durch Tausende und Abertausende kleiner Messiasse oder «Erlöser», überbracht werden – das Wort Messias heisst eigentlich Erlöser –, und zwar durch Erlösung mittels Selbst-Arbeit. Infolge der spirituellen Ignoranz unserer Zeit nehmen wir den menschlichen Körper zu wichtig; die schreckliche Zerstörungswut der materiellen Werte raubt der Seele ihre Möglichkeiten. Wir lassen unsere Kinder in die Welt hinaus gehen ohne irgendwelche spirituelle Erziehung. Wir lassen unsere Zeit in Trägheit zerrinnen, indem wir zur Unterhaltung Verbrechen anschauen, die aus der Unterwelt, aus den Sümpfen der Gesellschaft stammen. Wir sollten dies kritisch betrachten und uns fragen, was wir zu dieser Welt beitragen, wenn wir ihr entsagen, wenn wir lediglich an den Seitenlinien stehen und beobachten, wenn wir uns unterhalten lassen und uns jener Art von schlechten Nachrichten hingeben. Nachrichten, die krankhaft sind, geschmacklos auch, die aber als wertvoll verkauft werden. Und das, was gut ist, gilt nicht als wertvoll genug, um es zu drucken. Wir müssen uns ausdehnen, hin zum grossen Geist der Auferstehung, zur Kontinuität des reinen und lieblichen Lebens der Seele. Die Seele ist das Instrument der Kreativität des Geistes. Sie eröffnet den Zugang zu einer Welt der imaginativen Kraft, dies an den Grenzen jenseits der Zeit. Der Kraft, die darauf wartet, sich ins höhere Denken der Menschen zu ergiessen. Doch ist das Denken zu beschäftigt mit dem Elend der eigenen Ängste, hat es keine Zeit, den Strom des tieferen Wissens zu empfangen, des neuen Bewusstseins und des wahren Lebens, dann können die Menschen den Segen, der für sie bereit steht, nicht empfangen.

Unsere seelische Heimkehr ist also nicht etwas Persönliches, sie ist etwas, das wir als Grundrecht in der Zeit betrachten sollten. Denn Zeit ist Geschichte, und in der Geschichte sind Taten, und wir sind die Taten, in Vergangenheit, Gegenwart und Zukunft. Diese Geschichte ist nicht in einem Buch aufgeschrieben, nicht in irgendeinem staubigen Wälzer, sondern sie ist in die Herzen der Männer, Frauen und Kinder geschrieben, die Mut und Visionen hatten, die Träume geträumt haben, die in einem flüchtigen Augenblick gesehen haben, wie die Erde sein sollte und was Himmel wirklich bedeutet. Der jetzige Zustand muss aufhören, in dem wir Milliarden und Abermilliarden ausgeben, um uns gegen unseren Bruder auf der anderen Seite der Grenze zu verteidigen. Wo wir Zeuge der Erniedrigung sind, wenn die Schätze der Erde zu Waffen für Vernichtung, Zerstörung und Verderben gemacht werden. Wo Regierungen für das Überleben ihrer Bürger massenhafte Zerstörung in Kauf nehmen – und wir betrachten das als normale Lebensführung! Versuche, die Welt aus den Augen anderer zu sehen. Aus den Augen jener von den höheren Dimensionen, zu denen wir gehen und von wo wir auf die Erde zurückschauen werden, genau wie sie – mit einem Gefühl der Tragik und tiefen Sorge. Wir werden darüber weinen, über das Unsrige, denn unsere Verbindung mit der Erde wird noch vorhanden sein. Anstatt im grossen Licht zu stehen und voller Gewissensbisse in die Schatten hinunter zu schauen, lasst uns jetzt etwas tun, um diese Schatten zu lichten – jetzt ist die Zeit für diese Arbeit!

Jetzt ist es Zeit, um unser Denken für neue Ideen zu öffnen, um uns in die höheren Dimensionen auszudehnen, uns von den religiösen Verzerrungen zu befreien. Es ist Zeit, die Rituale der Dogmen und Glaubensbekenntnisse hinter uns zu lassen und uns mit Mut und Kraft zu befreien, um anders zu denken, anders zu gehen und zu leben. Um anders zu essen und anders zu sein. Dies sind der Mut und die Kraft, die ich meine.

Denn es geht nicht nur um die Beschränktheit unseres eigenen Lebens, die wir durchleuchten sollten, es geht um die Grundpfeiler dieses Lebens. Was haben wir zu diesem neuen Zustand beigetragen, während wir hier waren? Haben wir nur das Bestehende weitergeführt? Hatten wir Angst, jemanden zu beleidigen? Haben wir befürchtet, als anders betrachtet zu werden? Oder waren wir so beschäftigt mit unserem eigenen Leben, dass wir keine Zeit hatten für das grössere Leben, für die grössere Vision? Denk jetzt über diese Fragen nach, denn später werden wir sicher darüber nachdenken – vielleicht zu spät!

Nun können wir Bestand aufnehmen. Wir stehen an der Schwelle eines Stromes des Wieder-Erwachens von Männern und Frauen der verschiedenen Rassen. Menschen verschiedener Bevölkerungsgruppen, verschiedener gesellschaftlicher Schichten werden alle denselben Impuls zur selben Zeit erhalten. So funktioniert eine spirituelle Revolution, nicht eine irdische ideologische Revolution, nicht ein Wiederaufleben der Religionen. Es ist einfach nicht mehr möglich, dass es so weitergeht. Wir können nicht Tierquälerei in Laboratorien unterstützen, wir können nicht weiter vom Fleisch der Tiere leben. Wir können nicht mehr Steuern bezahlen, um giftige Gase und Bakterien für Kriege herzustellen. Wir können nicht mehr dieselben unerleuchteten Leute als unsere Vertreter wählen, Leute, die weiterhin dieselben schrecklichen Dinge tun, die nicht den Mut haben oder die Kraft zu sagen, dass wir als Zivilisation, dass wir als Nation anders sein wollen. Unsere Kraft wird in der Kraft Gottes liegen, nicht in Munitionslagern.

Wir sollten dies auch aus einer medizinischen Perspektive betrachten, mit Blick auf unsere Gesundheit, auf unser Herz, auf unseren Blutdruck! Mit Blick auf die Verschwendung von Energie infolge Krankheiten, die viel zu viel Zeit und Ressourcen der Gesellschaft eines Landes verschlingen. Ich denke, eines Tages werden wir nicht mehr an Krankheit sterben. Wir werden einfach im Schlaf hinübergehen, von der einen Ebene der Wahrnehmung und Erkenntnis in eine andere. Wie eine normale, natürliche Geburt eines Kindes, so werden wir in die grosse Wieder-Geburt eintauchen, ohne Schmerzen und Furcht, ohne Sterblichkeit, Krankheit und Tod.

Diese Themen bilden das Rückgrat unseres menschlichen Lebens und wir werden alle nach dem Tode darauf zurückschauen. Wenn wir aber diese Aspekte bereits jetzt genauer studieren und sehen, was wir persönlich dazu beitragen können, dann gelingt es uns, jene grosse Kraft des spirituell Ähnlichen zu berühren, wo wir durch Liebe und nicht durch Zwang voranschreiten. Wo wir als gesunde Individuen existieren. Wo die Menschen uns als spirituelle Mitmenschen kennen und nicht als Heuchler. Wo wir uns bekennen zu einem Gott, zur Weltfamilie, zur einen universellen Ausdehnung, zur Licht-Evolution von Seele, Bewusstsein und Geist und nicht zum Dienst an jenen Kräften und Energien, die das menschliche Dasein entwürdigen. Dies richtet sich an alle Nationen, alle Völker, alle Gläubigen und Ungläubigen, dies ist die Welt, die kommt. Wir brauchen keine grosse Macht oder Kraft, denn es ist unser Sein, durch das wir erkannt werden. Menschen werden fragen: «Was sind das für Leute, wie können sie diese Dinge tun? Warum sind sie so einfach in ihrem Gemüt und doch so tiefgründig im Denken? Mit welcher Macht sind sie in Berührung, dass Krankheiten einfach verschwinden, dass Ängste und Befürchtungen und Druck und Spannungen verschwinden, allein durch ihre Gedanken? Welchen Glauben haben diese Menschen? Was haben sie gefunden?» Durch unseren bewussten Seins-Zustand können wir die Schwingungen der höheren Dimensionen auf Erden verankern. Und die Worte «An deinen Früchten sollst du erkannt werden» machen Sinn.

In Zukunft werden Führer des Neuen Zeitalters in jeder Gemeinschaft auftauchen, Führer, die in neuen Feldern und Zusammenhängen denken, die aus neuen Ideen und Energien schöpfen können. Die neue, tapfere und mutige Pläne erproben, die das materielle Denken auf seinen Platz verweisen. Und es mit dem Potential der spirituellen Zukunft füllen. Aus unserer Mitte kann die Geburt der neuen Nation geschehen, der Welt-Nation, der Welt-Familie. Und Krankheiten werden als veraltet in die Rumpelkammer der materiellen Kräfte verbannt! Auch wird die Kraft des Lichts stark werden, bekannt als die reine, klare Energie des Kosmos. Mögen all die Gifte verschwinden, mit denen wir unsere Flüsse verschmutzen, unsere Luft, unsere Körper, unseren Boden. Möge eine neue, liebliche Kraft aus reinem Licht an unseren Arbeitsplätzen und in unseren Häusern erstrahlen! Dies ist unsere Zukunft – doch die Zukunft ist jetzt!

Mit diesem Buch berühren wir einen kleinen Teil des esoterischen Wissens. Es ist alte Weisheit, die vielen bekannt ist, jedoch nicht gelebt wird. Es braucht die Herzen und das Denken mutiger Menschen, um Weisheit in Taten umzusetzen und sie im Alltag lebbar zu machen, damit immer mehr Menschen erkennen. Jeder Einzelne soll erkennen, dass die Diener des Neuen Zeitalters mit der spirituellen Werthaltung geboren werden, die besagt, dass alle Rassen zu allen Zeiten zusammen die eine grosse Menschenfamilie bilden. Dass sie sich nicht voreinander schützen müssen, dass sie nicht zulassen, dass kleine Diktatoren mit kleinem Verstand Brüder gegeneinander aufhetzen. Sondern dass wir gemeinsam stark sind in unseren Urteilen, zuverlässig in unseren Meinungen und entschieden in unserem Handeln. Denn dies ist nicht der Moment des Todes, sondern ist der Moment des Lebens, und du gehörst zu jenen, die das Neue Zeitalter möglich machen, das neue Denken, die neue Zukunft, mit deiner eigenen Entdeckungs- und Schöpfungsarbeit.

Im LICHTWELLE-Verlag sind weiter erschienen:

Elisabeth Bond
Spirituelle Alchemie – Den Tempel der Seele erbauen
246 Seiten, ISBN 978-3-905878-08-0

Elisabeth Bond
Mit dem Auge der Seele / With the Eye of the Soul
Kartenset mit 90 Weisheitskarten; Aquarelle und Texte (D/E)
ISBN 978-3-905878-03-5

Peter Goldman
Goldworte – Aus der Werkstatt der Seele
ISBN 978-3-905878-00-4

www.lichtwelle-verlag.ch